Claus Keidel

Bergwetter

Bruckmann Basic

BRUCKMANN

Lokale Bergwetterprognose

Bergwettergefahren

Beobachtung der Natur

Anhang

Zu diesem Buch

Bergsport ist in den letzten Jahren zum Spiegel unserer Gesellschaft geworden. Technische Innovationen und neue Trends ermöglichen, sich den Bergen auf unterschiedliche Weise zu nähern. Waren die Berge bis in die Siebzigerjahre überwiegend den Bergsteigern und Skifahrern vorbehalten, bringen Tourismus und Sportindustrie jedes Jahr mehr Menschen in die Alpenregionen. Oft wird im Erleben der Bergwelt vergessen, dass man sich in der freien Natur aufhält. Unter anderem bedingt die Änderung unseres Klimas Wettergefahren, die nicht zu unterschätzen sind. Unwetterkatastrophen, wie das Hochwasser im August 2002 in Mitteleuropa, sollten auch den Bergsportler sensibel machen, sich schon im Vorfeld seines Bergaufenthaltes rechtzeitig zu informieren, wie sich die Wetterlage für die kommenden Tage entwickelt und ob seine Ausrüstung für die gewählte Unternehmung geeignet und vollständig ist. Neue Medien wie das Internet stellen qualitativ gute Homepages zur Verfügung, die eine Wettervorhersage für die nächsten Tage ermöglichen. In Verbindung mit der langfristigen Wetterplanung sollen in diesem Buch Kenntnisse über Wetterabläufe und Kurzzeit-Prognosen vermittelt werden.

Inversionslage in der Nähe des Majola-Passes, Blick vom Aufstieg zum Corvatsch über St. Moritz

Linke Seite:
»Der Berghimmel brennt.«
Farbspiele winterlicher mittelhoher Schichtwolken

Lokales Bergwetter

Wer kennt nicht das Gefühl, es geschafft zu haben, wenn das Gipfelkreuz erreicht ist und der Blick sich am Horizont im Nichts verliert. Die Sonne strahlt über einem und die verdiente Brotzeit wartet. Dann ziehen vereinzelte Schleierwolken am Himmel auf, einige Fractus-Wolken spielen in erstem Wind, bauschen sich kurz auf und zerfallen wieder. In kurzer Folge das gleiche Schauspiel, die Wolken werden größer, irgendwann verschwindet die Sonne. Stärkerer Wind kommt auf, in der Ferne ist ein erstes Donnergrollen zu hören. Zentrales Element der Bergwetterprognose ist das **»W«**, für die Beobachtung von **Wolken** und **Wind**.

Beobachtung von Wolken

Die Beobachtung von Wolken ist ein sicheres visuelles Zeichen, wie die Wetterlage sich in den nächsten Stunden entwickeln wird. Wolken werden nach ihrer Zughöhe in der Atmosphäre in vier Gruppen eingeteilt.

Gruppe 1	Hohe Wolken (Höhe 5000 – 12000 m)
Wolkennamen:	Cirrus (Ci)
	Cirrostratus (Cs)
	Cirrocumulus (Cc)
Gruppe 2	Mittelhohe Wolken (Höhe 1500 – 5000 m)
Wolkennamen:	Altocumulus (Ac)
	Altostratus (As)
	Nimbostratus (Ns)
Gruppe 3	Tiefe Wolken (Höhe 0 – 1500 m)
Wolkennamen:	Stratocumulus (Sc)
	Stratus (St)
Gruppe 4	Haufenwolke (Höhe 500 – 15000 m)
Wolkennamen:	Cumulus humilis (Cu hum)
	Cumulus mediocris (Cu med)
	Cumulus congestus (Cu con)
	Cumulonimbus (Cb)

Cumulonimbus in sommerlicher Hitze im Küthai/Tirol, fünf Stunden vor Gewitterausbruch

V.l.n.r.:
Pfeilschnelle
Cirren ziehen von
Westen in den
Alpenraum.

Cirrostratus
überzieht den
Himmel über den
Dolomiten. Blick
vom Ritten

Cirrocumuli
werden durch
starken Wind in
der Höhe bizarr
an das
Firmament
gezeichnet.

Hohe Wolken

Cirren (Ci) ziehen in Höhen von 8000 bis 12000 Metern. In diesen Bereichen der Atmosphäre herrschen Temperaturen von bis zu –50 Grad Celsius. Cirren bestehen aus *Eiskristallen* und haben ein *lang gezogenes, federartiges* Aussehen. Für den Betrachter stehen sie wegen der großen Höhendifferenz scheinbar still am Himmel. Tatsächlich können sie eine Geschwindigkeit von über 100 Stundenkilometern erreichen.
Cirrostratus (Cs) ist der klassische Schlechtwetterankünder. Er bildet sich durch Verdichten von Cirren zu einem *milchigen Schleier*. Cirrostratus zieht in Höhen zwischen 6000 und 8000 Metern. Durch seine dunstähnliche Erscheinung ist er nicht leicht zu erkennen. Seine charakteristischen Merkmale sind die Nebensonne und der Sonnenring, *Halo* genannt (s. S. 67).
Cirrocumulus (Cc) ist eine seltene Form der hohen Wolken. Er zieht in Höhen zwischen 6000 und 10 000 Metern und bildet zum Teil fantastische optische Kunstwerke am Himmel. Diese Felder von kleinsten, weißen *Wattebällchen* aus Eiskristallen entstehen *im Sommer vor Kaltfronten* oder *Gewittern*, sonst *vor Warmfronten mit Föhnströmung*.

Mittelhohe Wolken

Altocumulus (Ac), die klassische »bayerische« Wolke, ist die bekannteste Wolkenform. Grobe Ballen oder Walzen sind ihr Erkennungszeichen am Firmament. Im Volksmund auch *Schäfchenwolke* genannt, zieht sie in Höhen zwischen 3000 und 6000 Metern. Altocumulus besteht aus unterkühlten Wassertröpfchen, in höheren Zugbereichen aus Eiskristallen.
Altostratus (As) ist variationsärmer als die Altocumulus-Wolke. Er deutet schon durch einsetzende Eintrübung auf Regen hin und stellt die Verbindung zwischen Cirrostratus

und der nachfolgenden Regenwolke her. Altostratus bewegt sich auch zwischen 3000 und 6000 Metern und besteht überwiegend aus Wassertröpfchen. *Charakteristisch*: Die im Hintergrund stehende Sonne erscheint wie hinter Milchglas. In der weiteren Folge verdichtet sich Altostratus, seine Untergrenze sinkt ab, Wolkenfetzen (Ac fractus) bilden sich aus und es beginnt zu regnen.

Nimbostratus (Ns) lässt einen erschaudern, wenn einen klopfende Geräusche auf dem Hüttendach aus dem Schlaf wecken. Der Blick aus dem Fenster zeigt eine grau in grau gehüllte Bergwelt, ein nasskaltes Lüftchen. Ein schönes Wochenende in den Bergen ist dahin, die »langweiligste« Wolke, Nimbostratus, hat sich um die Gipfel herum festgesetzt. Lang andauernder Regen oder Schneefall sind die unguten Eigenschaften dieser, für den Alpinisten scheinbar nutzlosen, strukturlosen Wolkenmassen. Nimbostratus wird zu den Mischwolken gezählt, da er sowohl aus Wassertröpfchen als auch aus Eiskristallen bestehen kann. In 2000 bis 5000 Metern Höhe zieht er an den Bergen entlang, eine Warmfront ist aufgezogen. Die Sonne ist jetzt vollkommen verdeckt, der gesamte Himmel bedeckt. Begleitet wird die Regenwolke manchmal von *Fractus-Wolken*, die an der Unterseite entstehen können. Als Begleitwolken des Nimbostratus sind sie sehr beständig und können sich, nach Abzug des Regens, in Cumuli umwandeln. Durch ihre geringe Höhe über dem Boden kennt der Bergsteiger sie in Form von *Rauchschwaden*, die in den Wipfeln der Bäume hängen bleiben. Dabei spielt es keine Rolle, ob das Beobachtungsgebiet in den Alpen oder in den Mittelgebirgen liegt. Nimbostratus streckt sich über hunderte von Kilometern hin und bringt den berühmten Landregen, der in den Bergen als Alpenstau über Tage hinweg für schlechtes Wetter sorgt.

V.l.n.r.:
Altocumulus in herbstlicher Abendstimmung

Altostratus vermischt scheinbar Wolken und Sonne.

Nimbostratus am Elferköpfl über Neustift/ Stubaital

V.l.n.r.:
Die »Himmels-
leiter« des
Biancograt/
Bernina als
Aufstiegshilfe für
Stratocumulus

Stratus über
Heuberg/
Chiemgau

Cumulusbildung
über dem
Zugspitzplatt

Tiefe Wolken

Stratocumulus (Cs) ist die am häufigsten vorkommende Wolkenart und wird gerne durch sein Erscheinungsbild mit dem Altocumulus verwechselt. Er besteht aus Wassertröpfchen und liegt in einer Höhe von 500 bis 2000 Metern. Bei winterlichen Hochdrucklagen oder bei abklingendem Schauerwetter nimmt der Stratocumulus am Himmel seine Position ein. Sein Entstehen ist darauf zurückzuführen, dass ein vertikales Aufstreben der Luftmassen, im Gegensatz zur Turmwolke, durch Inversionen (Grenzschichten) verhindert wird. Sein Ausbreiten erfolgt dann horizontal, in bekannten breiten Wolkenwalzen, vornehmlich am frühen Morgen.

Stratus (St) ist als tiefe Wolke jedem bekannt: Bergnebel. Tagelang verdrießt er die Menschen auf dem Land, während die Berge im strahlenden Licht liegen. Stratus reicht von ca. 100 bis in Höhen von 2000 Metern. Er besteht aus Wassertröpfchen und kann bei extrem niedrigen Temperaturen aus feinsten Eiskristallen bestehen. Grau in grau hüllt sich die Landschaft in eine strukturlose Masse ein. Im Gegensatz zum klassischen Nebel liegt er nicht am Boden auf. Stratus

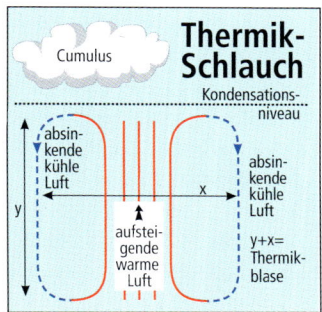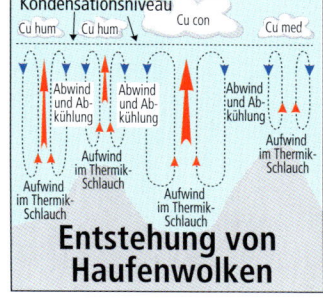

entsteht an Gebirgszügen, aber auch am Meer. Im Sommer kann er sich bei hoher Luftfeuchtigkeit oder bei klaren Nächten bilden. Am Berg kann diese Erscheinungsform zu großen Orientierungsproblemen führen, besonders, wenn man auf einem Gletscher unterwegs ist.

Cumulus (Cu) Wer sehnt sich nicht nach ihr, wenn große Hitze in einem Couloir die letzten Luftreserven verbraucht. Die Haufenwolke ist mit die wichtigste Wolkenart, die der Alpinist beobachten muss, ihre Entwicklung kann in einem Gewitter enden. Voraussetzung für die Bildung von Cumuli ist das Vorhandensein kleinster Wasserteilchen in der umgebenden Luft. Im Verlauf des Tages erwärmt wachsende Sonneneinstrahlung Luftmassen, die als **Thermik-Schläuche** (Luftschläuche) zu steigen beginnen. In der Höhe angekommen, kühlen sie ab und scheiden Wasserdampf aus. Verdichtet sich der Wasserdampf, entsteht ein erster weißer Cumulus mit waagrechter Wolkenbasis. Das Kondensations-Niveau des Thermik-Schlauches ist erreicht, die Wolke wird sichtbar. Die Sonnenbrille wird zum Hilfsmittel der Wetterbeobachtung, denn die beginnende Wasserdampfverdichtung lässt sich

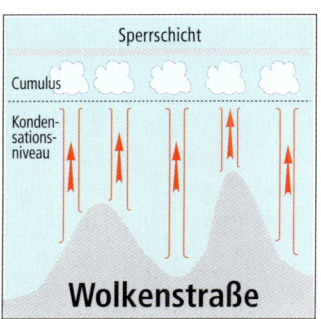

durch die Sonnenbrille an rauchartigen Dunstfahnen erkennen, die in die Höhe steigen. Drachenflieger und Paraglider machen sich diese, in der Fliegersprache *Bärte* bezeichnet, zunutze, um in einer Art *Paternoster-Effekt* Höhe zu gewinnen. Bereits in dieser Phase, wo der Himmel noch von strahlendem Son-

V.l.n.r.:
Cumulus
mediocris im Juli

Wolkenstraße
im Norden der
Zugspitze

Cumulonimbus
vor Gewitter-
ausbruch

nenschein erfüllt ist, muss mit der Beobachtung des Windes begonnen werden. Normalerweise kommt der aufsteigende Luftstrom bei nachlassender Sonneneinstrahlung zum Stillstand. Die Wolke zerfällt von oben her nach unten. Ist die Sonneneinstrahlung stark, fängt der Cumulus an zu quellen und steigt in Höhenbereiche auf, deren Umgebungstemperatur unter 0 Grad Celsius liegt. Im Sommer liegt diese Grenze im Alpenraum bei ca. 4500 Metern. Ist die Null-Grad-Grenze erreicht, vereisen die Wassertröpfchen innerhalb der Cumulus-Wolke, eine Gewitterwolke (Cumulonimbus) entsteht. Cumuli liegen in Höhen zwischen 0 und 6000 Metern, Cumulonimben wachsen in unseren Breiten in Höhen bis 15 000 Metern.

Cumulus humilis (niedrige Haufenwolke) bildet sich im Laufe des Vormittags mit flachen Quellungen aus, die in verschiedenen Variationen und in regelmäßiger Folge, bis gegen 14.00 Uhr, den Himmel überziehen. Haben sie ihr Maximum erreicht, lösen sie sich wieder auf.

Wetterprognose: Stabile Temperaturschichtung, keine Wettergefahr

Cumulus mediocris (mittelgroße Haufenwolke) entsteht aus weiterem Quellen des C. humilis. Er löst sich gegen Abend durch nachlassende Sonneneinstrahlung auf. Im Verlauf des Tages bildet er *Wolkenstraßen* aus, die für Segelflieger, Drachenflieger und Paraglider interessant sind. Man eilt von einem »Wolkenbart« zum nächsten und nützt den *Paternoster-Effekt* für Weitstreckenflüge.

Wetterprognose: Weiterhin stabile Temperaturschichtung, keine Wetterstörung zu erwarten

Cumulus congestus (aufgetürmte Haufenwolke) quillt in der heißen Jahreszeit, bedingt durch frei werdende Energie, sehr schnell in die Höhe. Eine instabile Temperaturschichtung ist entstanden. Die aufsteigenden Luftmassen erreichen im Inneren des Cumulus große Geschwindigkeiten, die Wolke türmt sich blumenkohlartig auf. Reicht die Energie für eine weitere Entwicklung nicht, hat die Wolke ihr Maximal-Volumen erreicht. Sie zerfällt im oberen Bereich und löst sich im Laufe des Nachmittags wieder auf. Manchmal fallen vereinzelte Wassertropfen nach unten durch, die aber keinen großen Regen erzeugen.

Wetterprognose: Erste Anzeichen von labiler Temperatur-schichtung. Wettergefahr ist angezeigt, wenn die Turmwolke sich weiterentwickelt – Gewittergefahr

Cumulonimbus (Gewitterwolke). Im oberen Bereich einer Turmwolke hat sich eine Amboss-Form ausgebildet, die das Eintreten einer Vereisung von Wassertröpfchen im Inneren der Wolke anzeigt. Eine Gewitterwolke ist entstanden, deren Zugrichtung für die eigene Situation von größter Bedeutung ist.

Wetterprognose: In der Höhe ist eine labile Temperaturschichtung eingetreten, die eine nachhaltige Gefahrensituation darstellt.

Beobachtung von Wind

Der Beobachtung von Wind muss der Bergsportler ebenso besondere Aufmerksamkeit widmen wie der Beobachtung von Wolken. Im Frühstadium einer Wetterverschlechterung verändert sich der physikalische Zustand der Luft. Die relative Luftfeuchtigkeit steigt langsam an, in der Atmosphäre beginnt die Luft sich zu bewegen. Dem in der Höhe einsetzenden Wind folgen die klassischen Höhenwolken *Cirrus* und *Cirrostratus*

Beaufort-Skala	nach Admiral Beaufort 1806		
Wind-stärke	Bezeichnung	Kennzeichen über Berg	Windgeschwindigkeit in km/h
0	Windstill	Rauch steigt gerade empor	0 – 1 km/h
1	Leichter Zug	kaum bemerkbar	2 – 6 km/h
2	Leichter Wind	bewegt leichte Blätter	7 – 11 km/h
3	Schwacher Wind	Blätter und Zweige in dauernder Bewegung	12 – 19 km/h
4	Mäßiger Wind	lockerer Schnee und Äste bewegen sich	20 – 28 km/h
5	Frischer Wind	bewegt größere Zweige	29 – 36 km/h
6	Starker Wind	Pfeifen an Hütten	37 – 49 km/h
7	Steifer Wind	Bäume schwanken	50 – 60 km/h
8	Stürmischer Wind	bricht Zweige; Gehen behindert	61 – 72 km/h
9	Sturm	Schäden an Hütten und Schutzhäusern	73 – 85 km/h
10	Schwerer Sturm	Baumentwurzelung	86 – 100 km/h
11	Orkanartiger Sturm	Hütten werden zerstört	101 – 115 km/h
12	Orkan	größte Gefahren im Hochgebirge	116 – 202 km/h

als Vorboten. Je nach Lage, Wind und Luftfeuchtigkeit überzieht sich der gesamte Himmel mit mittelhohen *Altocumulus*, *Altostratus* und *Nimbostratus*. Die Windbeobachtung ist in einer frühen, aber schon entscheidenden Phase nicht ganz einfach. Der geschulte Blick für die Natur ist notwendig. In der Stadt hat man, zum Beispiel durch die Beobachtung des Rauches aus Hauskaminen die Möglichkeit, schon die Zugrichtung des Windes und, in grober Form, seine Stärke abzuschätzen. Bei schwachem Wind steigt der Rauch leicht schräg auf, bei starkem Wind wirbelnd in waagrechter Richtung. Die Windgeschwindigkeit ist an der »Beaufort-Skala« abzulesen, die bis Stärke 17 erweitert wurde. Die Skala wurde vom englischen Admiral F. Beaufort bereits im Jahre 1806 aufgestellt.

Definition der Windbewegungen

Waagrechte Luftbewegung Wind ist eine Luftbewegung, die auf regionalen Luftdruck- und Temperaturunterschieden basiert. Ursache für Luftbewegungen und somit für jeden Wetterwechsel ist die Sonnenstrahlung. Kalte und warme Luftmassen führen zu einem lokalen Gegensatz, einem Luftdruckunterschied. Es entstehen Tief- und Hochdruckgebiete, die in der Meteorologie als **Zyklone** (= **Tiefdruckgebiet**) und **Antizyklone** (= **Hochdruckgebiet**) bezeichnet werden. Physikalisch betrachtet versucht die Luft bestehende Druckunterschiede auszugleichen. Dabei entsteht eine Luftströmung von Bereichen größeren Druckes zu Bereichen geringeren Druckes. Durch den Luftaustausch wird ein Strömen vom Hoch zum Tief bewirkt, es entsteht Wind. Liegen Bereiche geringen Luftdruckes über dem Alpenraum, so ist eine Luftbewegung kaum wahrnehmbar. Sind die Luftdruckgegensätze sehr groß, ist heftiger Sturm zu erwarten.

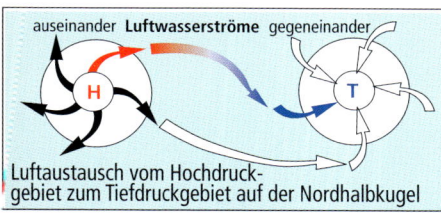

Luftaustausch vom Hochdruckgebiet zum Tiefdruckgebiet auf der Nordhalbkugel

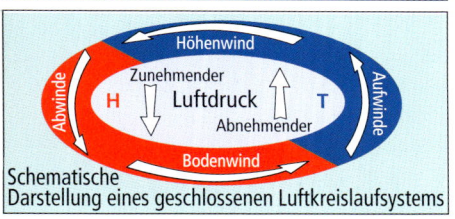

Schematische Darstellung eines geschlossenen Luftkreislaufsystems

Senkrechte Luftbewegung   Die senkrechten Luftbewegungen sind durch Auf- und Abwinde gekennzeichnet. In einem Tief ist abnehmender Luftdruck bei steigender Luft zu beobachten, es entsteht ein Aufwind. In einem Hoch ist es genau umgekehrt. Der Luftdruck steigt, die Luft fällt nach unten, es entsteht ein Abwind. Während am Boden die Luftbewegung vom Hoch- zum Tiefdruckgebiet durch den Bodenwind gegeben ist, ist dies in der Höhe durch den Höhenwind umgekehrt. Führt man diese Erkenntnisse in einer Grafik zusammen, lässt sich ein geschlossenes Kreislaufsystem der Luft erkennen. Dieser Luftkreislauf bildet sich, wo Luftmassen verschiedener Temperatur nebeneinander liegen. Besonders stark ist dieses physikalische System zwischen den kalten und warmen Zonen unserer Erde und zwischen den Meeren und dem Festland. Waagrechte und senkrechte Luftbewegungen spielen gerade im alpinen Bereich eine entscheidende Rolle, da sie direkt nicht erkennbar sind. Sie können oftmals nur durch Anzeichen in der Natur sichtbar werden.

Alpine Windarten

Talwind   Berghänge erwärmen sich in der Sonne durch steiler auffallende Strahlen schneller als das Tal. Die Luft beginnt sich dabei stärker zu erwärmen und steigt. Der Luftdruck wird geringer, Luftmassen aus dem Tal werden angesogen. Der Talwind bläst den Hang hinauf. Er entsteht vorwiegend am Vormittag und bringt dem Bergsteiger erträgliche Luft.

Bergwind   Durch Wärmeausstrahlung kühlen sich die Berghänge gegen Abend schneller ab als der Talboden. Die Windrichtung kehrt sich um, der Bergwind bläst die Hänge hinab ins Tal.

Wintermonsun   In unseren Breiten ist der europäische Monsun bekannt, der zum Jahresende als Wintermonsun auftritt. In dieser Jahreszeit kühlen die Luftmassen über Russland ab. Im Alpenraum wird die milde Witterung durch kalte Festlandluft aus dem Osten abgedrängt und erste Wintereinbrüche können schon Ende Oktober nachhaltige Schneefälle bis in die Täler bringen. Das kontinentale Hochdruckgebiet über Zentralrussland führt sehr kalte Luftmassen in die Alpen. Werden durch ein Island-Tief von Westen her milde und feuchte Luftmassen herangeführt, ist das Weihnachtstauwetter vorprogrammiert. Dieses wird erst dann durch richtiges Winterwetter wieder abgelöst, wenn die Zufuhr kalter Festlandluft aus Russland die westlichen Strömungsfelder der Tiefdrucksysteme zurückdrängt.

Sommermonsun   Der Sommermonsun erfolgt schubweise. Mit dem Aprilwetter ziehen bereits früh im Bergjahr kühle Meeresluftmassen gegen die Alpen. Mitte Mai stehen die Eisheiligen mit Kälterückfällen Pate. Die Schafkälte um den 10. Juni erinnert dann immer noch an die kalte Jahreszeit. Entscheidend für den Verlauf des Bergsommers ist der vierte Monsun-Vorstoß an Siebenschläfer, Ende Juni. Verstärkt sich das Azoren-Hoch mit Ausdehnung nach Westeuropa, ist der Sommermonsun unterbrochen. Das Azoren-Hoch entwickelt sich immer stärker und sperrt den Aufzug von Tiefdruckgebieten über dem Atlantik Richtung Alpenraum praktisch ab. Über den Bergen liegt wochenlang warme und trockene Luft. Setzt sich dagegen der Sommermonsun durch, wird es über Wochen hinweg feucht und regnerisch.

Aufwindarten

Hangwind   Windströmungen werden gegen die Berge gelenkt und zum Aufsteigen gezwungen. Der für Paraglider und Drachenflieger interessante Hangwind entsteht. Die aufsteigende Luftströmung kann eine Aufwindgeschwindigkeit von bis zu 240 Meter pro Minute erreichen. Die Stärke hängt ab von:

- *Windstärke*, mit der er an die Berge geführt wird
- *Steilheit* und *Beschaffenheit* des Geländes
- *Windrichtung* und *Auftreffwinkel* zum Berg

Thermischer Hangwind   Thermischer Aufwind wird durch Wärme erzeugt. Sonnenstrahlen treffen steiler auf Berghänge auf als im Talgrund. Die Luft erwärmt sich so an Berghängen wesentlich schneller als im Tal und steigt auf.

Geländethermik   An schönen Tagen erwärmen die Sonnenstrahlen das Bergland verschieden schnell. Die Erwärmung ist abhängig von der Geländebeschaffenheit. Die Aufwindgeschwindigkeit beträgt bis zu 180 Meter pro Minute.

Thermisch bedingte Luftbewegung

Physikalische Kriterien sind:	
1. Langsame Erwärmung:	Seen, wie der Garda-, Wörther- oder Chiemsee
2. Mittlere Erwärmung:	Wälder
3. Schnelle Erwärmung:	Felsen, Felder, große Wiesenflächen, Städte

Die Wärme steigt in höhere Luftschichten auf, deren Temperatur sich erhöht. Als Bergsteiger beobachtet man Bergdohlen, die ohne irgendeine Flugbewegung plötzlich an Höhe gewinnen. Sie kreisen in Spiralform nach oben. Durch weitere Überhitzung der unteren Luftmassen entstehen diese nach oben strebenden Spiralen, werden durch die Sonneneinstrahlung bis gegen Mittag immer stärker und bilden *Thermik-Schläuche* aus. Am Boden ist dieser Vorgang durch wechselnde Windströmungen, die ihre Richtungen permanent ändern und die in ihrer Stärke unterschiedlich sein können, zu erkennen. Sie strömen den Orten zu, an denen ein *Thermik-Schlauch* entstanden ist, um aufsteigen zu können. Drachenflieger und Paraglider suchen diese Aufwind-Schläuche um in ihnen wieder Höhe zu gewinnen und den Flug verlängern zu können. Der Cumulus dient hier also als Wegweiser, wo ein *Bart* zu finden ist.

Gegen Mittag ist bei schönem Wetter eine Verminderung der Thermik zu beobachten, wenn die Bildung von Cumuli am stärksten ist. Die Sonneneinstrahlung wird durch die Wolken so behindert, dass das Gelände wieder abgekühlt wird und die Wolkendecke sich auflöst. Gegen Nachmittag erwärmt sich das Gelände dann wieder, die Thermikverhältnisse werden besser. Die Basishöhe der Cumuli wechselt

> **!** Der Flieger muss genaue Kenntnisse haben, denn nicht jeder Cumulus hat an seiner Unterseite noch einen Thermik-Schlauch. Große weiße Cumuli haben, im Gegensatz zu den kleinen, die Aufwärtsbewegung der Luftmassen schon abgeschlossen und stehen vor ihrer Auflösung, der »Bart« ist weg.

mit Änderung der Temperatur und Luftfeuchtigkeit und liegt zwischen etwa 350 bis 3300 Metern. Steigt die Temperatur der unteren Luftschichten, erhöht sich die Wolkenuntergrenze um bis zu 1000 Meter, d. h. sie liegt am Nachmittag höher als am Vormittag. Die oberste Grenze eines Cumulus liegt an der untersten *Temperatur-Umkehrschicht*. Ist die Thermik sehr stark, flachen die Cumuli an dieser Sperrschicht nach oben hin ab und dehnen sich in der Breite aus. Der Cumulus löst sich durch starke Fallwinde auf. Ist die frei gewordene Wärme verbraucht, sinkt er zusammen und zieht die ihn umgebende Luft mit sich. Lässt die Sonneneinstrahlung im Laufe des Tages nach, verlangsamt sich der aufsteigende Luftstrom und reißt ganz ab, die Wolke löst sich auf.

Trockenthermik   Sommer wie Winter können Wetterlagen vorherrschen, die sehr trockene Luft mit sich führen. Trotz starker Aufwinde findet keine Wolkenbildung statt. Gute Flugbedingungen herrschen vor, die ein Kreisen im Aufwindfeld nicht mehr notwendig machen. Idealfall für Streckenflüge!

Abendthermik   Das Absinken der Sonne am Horizont erzeugt eine Umkehrung der Aufwindfelder. War die Luft bisher nur über den feuchten, kalten Gebieten abgesunken, beginnt sie jetzt über den trockenen Geländebereichen, die ebenfalls schneller abkühlen, abzusinken. Über Wasserflächen und Wäldern, die tagsüber die Wärme gespeichert haben, setzt ein Aufwind ein, die Abendthermik. Ist ein bewaldetes Gebirge der Richtung Westen zugewandt, kann am späten Abend noch thermischer Hangwind beobachtet werden.

Hochthermik   Wie durch Überhitzung der unteren Luftschichten eine labile Temperaturschichtung der Luft entsteht, so wird durch Abkühlung in der Höhe eine ähnliche Luftmassenschichtung erzeugt, die Aufwinde auslöst. Die Abkühlung in der Höhe wird durch Ausstrahlung der oberen Luftschichten oder durch Hinzuführen kalter Luftmassen in der Höhe gebildet. Die Hochthermik ist unabhängig von Jahres- und Tageszeiten. Typisch sind Altocumuli in ca. 3700 Meter bis 4200 Meter Höhe.

Wolkenaufwind   Während des Aufbaus einer Haufenwolke wird Wärme durch Ausscheiden von Wasserdampf frei und erzeugt neuen, starken Aufwind, der eine Art Verlängerung der Geländethermik ist. Als Sog lässt er sich unterhalb der Wolkenuntergrenze beobachten, als stark wirkende Luftkräfte, die in die Wolke hineingesaugt werden. Am stärksten ist er in einer Gewitterwolke, wo er für den Flugsportler eine große Gefahr birgt, wenn er in die Wolke hineingezogen wird. Die Aufwindgeschwindigkeit beträgt bis zu 360 Meter pro Minute.

Windthermik   Windthermik entsteht, wenn zur normalen Thermik Auf- und Abwinde durch starken Wind bestehen. Ziehen warme, feuchte Luftmassen in die Berge, bilden sich bei großen Windgeschwindigkeiten lang gezogene Luftwalzen. Der aufsteigende Bereich dieser Luftströmung ist durch ein starkes Aufwindgebiet gekennzeichnet. Ein Drachenflieger muss nicht mehr kreisen, sondern findet eine Wolkenstraße vor, die er entlangfliegen kann. Wolkenstraßen bilden sich an der Rückseite einer Kaltfront mit nordwestlichen Winden oder bei Ostwind im Frühjahr.

Frontenaufwind   Kalt- und Gewitterfronten bringen kühle Luftmassen in den Alpenraum, die sich unter die über den Bergen liegende Warmluft schiebt. Es entsteht eine thermische Wirkung der warmen Luft. Vor der Front stellt sich starker Aufwind ein. Zusätzlich geht der eigentlichen Front ein Vorstoß kalter Luftmassen in der Höhe voraus. Die starke Bodenerwärmung vor der ankommenden Kaltfront und die Abkühlung der Luft in der Höhe ergeben eine große Temperaturschwankung der zwischenliegenden Schichten. Der kräftige Aufwind wird ausgelöst. Erreicht die Front das Beobachtungsgebiet, ändert sich die Windrichtung und Windstärke. Der Wind dreht nach kurzer Windstille von Südwest auf Nordwest. Für den Bergsteiger ist die Umkehr angezeigt. An der Kaltfront-Rückseite können Haufenwolken entstehen. Die Temperaturschichtung der Luft ist sehr schwankend, bei Erwärmung des Geländes entstehen wieder Aufwinde. Diese thermischen Aufwinde bilden mit der waagrechten Luftströmung eine Windthermik mit Wolkenstraßen aus. Die Aufwindgeschwindigkeit beträgt bis zu 900 Meter pro Minute.

Wellenaufwind Er entsteht hinter steilen Bergflanken über der windabgewandten Seite (Leeseite) und bildet lange Luftwellen. Mit der Wellenbewegung entstehen Auf- und Abwinde. Reicht die Wellenbewegung in große Höhen, entsteht die typische Leewellen-Wolke, die stationär ist, ohne von Windströmungen bewegt zu werden. In den Alpen ist die Föhnwoge der klassische Vertreter des Wellenaufwindes. Sie erscheint im Frühjahr und besonders im Herbst. Die Grenze der unteren Föhnwoge liegt bei ca. 6000 Metern. Die Vorderkante der Wolke ist gekennzeichnet durch einen scharf begrenzten Rand. Die hintere Kante ist ausgefranst und in permanenter Auflösung begriffen. Die stärksten Aufwinde sind vor der Vorderkante der Wolke.

Wetterverschlechterung

Wind- und Wolkenbeobachtung sind sichere Hilfsmittel zur regionalen Wetterbestimmung für die kommenden Stunden.

- **Hohe federförmige Wolken** in Pfeilform (Cirren) ziehen aus Südwest bis Nordwest am Himmel über den Bergen auf. Am Standort herrscht noch Windstille.
- **Schleierartige Verdichtung** der Wolken im Aufzugsgebiet der Cirren durch Cirrostratus mit Ausbildung von Nebensonne und Sonnenring (Halo-Erscheinungen). Ein leichter Windzug ist kaum hörbar.
- **Cumulus-Wolken**, die über den Bergen vereinzelt das schöne Wetter begleitet haben, lösen sich auf. Leichter Wind bewegt die Blätter in den Bäumen.
- **Leicht dunstige Luft** weicht klarer Sicht über Bergen und Tälern. Schwacher Wind kommt auf, es wird etwas kühler. Bei hochalpinen Tagestouren ist spätestens jetzt die Umkehr angezeigt.
- **Verdichtung der hohen Wolken** über dem Beobachtungsstandpunkt zu Altostratus, der in der Folge als Nimbostratus Regen bringen wird. Der Wind frischt auf, wird stärker, in der Höhe setzt Sturm ein. Der Wetterumschwung ist nicht mehr aufzuhalten.

Halo-
Erscheinung

Weitere Kriterien
zur lokalen Wetterbeobachtung

Neben Wolken und Wind gibt es die klassischen physikalischen Beobachtungsmöglichkeiten.

Luftdruck   Medizinischen Untersuchungen zufolge ist jeder dritte Erwachsene wetterfühlig. Bei diesen Menschen reagiert das vegetative Nervensystem im Falle eines Wetterwechsels, z. B. wenn eine Wetterverschlechterung bevorsteht, besonders empfindlich. Die Veränderung des Luftdruckes löst Unwohlsein aus. Physikalisch gesehen übt jeder Körper, auch der leichteste, Druck auf die Fläche aus, auf der er steht.

Gleiches gilt für die Luft. Auf Meereshöhe ist der Luftdruck am größten und unter Normalbedingungen lastet er mit einem Gewicht von 1033 Gramm auf einem Quadratzentimeter. Mit zunehmender Höhe (pro 11 m = 1 mm Quecksilbersäule) verringert sich der Druck aufgrund der Verminderung der Atmosphärendichte der Erde. Jedem bekannt ist das Barometer als Messgerät für den Luftdruck. Die Maßeinheiten sind *Bar* oder *Hektopascal* (hPa), wobei 1 Millibar = 1 hPa ist. Auf der Wetterkarte kann man mithilfe der Orte gleichen Luftdruckes, die mit Linien (Isobaren) verbunden sind, zwei wesentliche Vorhersagen treffen:

- Liegen **Isobaren** nahe beieinander, so sind große Druckunterschiede und dadurch starke Winde zu erwarten.
  Folge: Nachhaltige Wetterverschlechterung
- Liegen die Isobaren dagegen weit auseinander, so sind die Druckunterschiede gering, die Winde schwach.
  Folge: Wetterberuhigung

Info!

Betrachtet man die großen Druckgebiete auf der Erde, so ist der Luftdruck bei einem Tiefdruckgebiet in der Mitte am geringsten und steigt nach außen hin an. Bei einem Hochdruckgebiet dagegen ist er in der Mitte am höchsten und fällt nach außen hin ab.

Lufttemperatur Die Beobachtung der Lufttemperatur spielt bei der Beurteilung des Bergwetters eine weitere wichtige Rolle. Die Temperatur der Luft gibt den Wärme- oder Kältezustand eines Körpers an und ist durch seine Wärmeenergie bestimmt, die in der Bewegung seiner Moleküle zum Ausdruck kommt. Sonnenstrahlen werden auf der Geländeoberfläche in Wärme umgesetzt, die vom Gelände wieder in die umgebende Luft zurückgeleitet wird. Daraus ergibt sich, dass die Luft nicht durch die Sonnenstrahlung, sondern durch die erwärmte Geländeoberfläche an Temperatur zunimmt. Durch die Erddrehung verändert sich der Sonnenstand im Tagesverlauf permanent, wobei die Erwärmung des Geländes dem Sonnenstand tagsüber um ca. 120 Minuten nachhängt. Das Temperaturmaximum wird folglich erst etwa 120 Minuten nach Überschreiten des Kulminationspunktes durch die Sonne erreicht. Während der Winterzeit ist dies gegen 14.00 Uhr, während der Sommerzeit gegen 15.00 Uhr, Zeitnahme Mitteleuropa. Das Temperaturminimum liegt aufgrund der gleichmäßigen Ausstrahlung des Erdbodens in der Nacht kurz vor Sonnenaufgang. Eine vorhandene Wolkendecke behindert tagsüber die Einstrahlung und bewirkt kühle Luft. In der Nacht verhindert eine Wolkendecke dagegen die Ausstrahlung von Bodenwärme in die Atmosphäre. Im Sommer bedeutet dies, dass eine starke Abkühlung der Erdoberfläche, im Winter eine Kältezunahme, nicht zustande kommt. Der Aufbau des Geländes, das Vorhandensein von Land, Gebirge und Meer, kalte Meeresströmungen polaren Ursprunges und warme aus dem tropischen Bereich sind Ur-

> **!** In den Sommermonaten ist man leicht versucht, sich zu sehr der Sonnenstrahlung auszusetzen. Neben den bekannten Schädigungen der Haut durch UV-Strahlung können weitere gesundheitliche Beeinträchtigungen auftreten.
>
> Im Winter wird die Lufttemperatur bei Wind und sehr kalten Temperaturen spürbar tiefer empfunden, als sie tatsächlich ist. Im Sommer tritt derselbe Effekt auf, ohne dass man dies sofort bemerkt. Messungen haben ergeben, dass im seitlichen Taillenbereich des menschlichen Körpers die Temperaturen auf der Haut trotz starker Sonneneinstrahlung bei nur 4 Grad Celsius liegen können. Der Effekt wird durch kaum wahrnehmbaren Wind erzielt und kann neben kurzfristigen Erkältungen auch zu schweren Leiden führen. Notwendig ist das Tragen funktioneller Kleidung: Dazu gehören eine Unterwäsche, die den Schweiß aufnimmt und nach außen transportiert, das heißt die Hautoberfläche schnell trocken macht; darüber Kleidung, die zur Verdunstung der Feuchtigkeit führt. Jacken aus Polarfleece sollten immer im Rucksack mitgeführt werden, da sie bei Pausen die Körperwärme erhalten, besonders bei Kindern!

sache einer ungleichen Erwärmung der Erdoberfläche. Dementsprechend entstehen kalte und warme Luftmassen und somit Temperaturunterschiede. Die Lufttemperatur nimmt pro 100 Meter zunehmender Höhe um bis zu 1 Grad Celsius ab.

Ausnahme: Inversionslagen
Bei Inversionslagen schieben sich warme Luftmassen über kalte. Die Temperaturkomponente ist besonders für den Gletschergeher von entscheidender Bedeutung. Letztendlich ist durch die Sonneneinstrahlung ein oftmals schnelles Aufweichen des Eises, im Sommer schon in den Morgenstunden, zu beobachten und somit ein rechtzeitiges Umkehren angezeigt. Gletscherspalten können sich öffnen und Eisbrücken ihre stabile Tragfähigkeit, die kurz zuvor noch bestand, verlieren.

Neben der Sonneneinstrahlung sind Feuchtigkeitsgehalt der Luft, Windsysteme, vorhandene Wetterlage und Ortsbeschaffenheit für die Erwärmung des Geländes und dadurch für die Temperaturzu- oder -abnahme zu berücksichtigen. Das Thermometer, als zugehöriges Messgerät, ist bekannt.

Luftfeuchtigkeit   Grundsätzlich treten im Alpenraum Luftmassen maritimen und kontinentalen Ursprunges auf, die verschiedene Mengen an Wasserdampf haben und sich nicht nur in der Temperatur, sondern auch im Luftfeuchtigkeitsgehalt unterscheiden. Die Meteorologie teilt die Luftfeuchtigkeit in drei Arten ein:

Maximale Luftfeuchtigkeit   Sie wird als maximal mögliche Wasserdampfmenge (= Sättigungsmenge) bei einer bestimmten Temperatur angegeben.

Absolute Luftfeuchtigkeit   Sie ist die tatsächlich vorhandene Wasserdampfmenge in einem Kubikmeter Luft.

Relative Luftfeuchtigkeit   Sie gibt Auskunft über den prozentualen Anteil der absoluten Luftfeuchtigkeit an der Sättigungsmenge und wird in Prozent angegeben. Sie steigt beim Abkühlen der Luft. Erreicht sie 100 Prozent, wird dieser Temperaturpunkt als Taupunkt bezeichnet. Wird der Taupunkt unterschritten, kondensiert das Wasser und hat folgende Auswirkungen:

- Steigungs- und Stauregen, wenn feuchte Luftmassen an der dem Wind zugewandten Seite (Luv) von Gebirgszügen aufsteigen und abkühlen
- Strahlungsnebel und Tau, wenn in klaren Nächten die Wärme in die Atmosphäre ausstrahlt
- Wärmegewitter, wenn erwärmte Bodenluft aufsteigt und mit zunehmender Höhe abkühlt
- Frontalniederschläge und -nebel mit Luftmassen verschiedener Temperatur

Die direkte Wetterbeobachtung vor Ort stellt, trotz modernster Kommunikationsmittel, immer noch die sicherste Wetterprognose dar. Nimmt man nur die Messgeräte Barometer (Luftdruck), Außenthermometer (Temperatur) und Hygrometer (Luftfeuchtigkeit) sowie den Kompass zur Bestimmung der Windrichtung zu Hilfe, lässt sich jede Wetterveränderung wahrnehmen.

Als Grundsatz gilt in der Meteorologie:
1. Langsame Veränderungen ergeben anhaltendes Wetter.
2. Schnelle Veränderungen ergeben unbeständiges Wetter.

Messgeräte und ihre Wirkungsweise

Barometer Jede Luftdruckveränderung wird vom Barometer angezeigt. Die Bewegungen des Zeigers sollten täglich zur gleichen Stunde vorgenommen werden. Wichtig ist, in welche Richtung sich der Zeiger bewegt. Wenn der Luftdruck fällt, bewegt sich der Barometerzeiger in Richtung »Regen«, d. h. Tiefdruckgebiet. Wenn der Luftdruck steigt, bewegt sich der Zeiger in Richtung »schön«, d. h. Hochdruckgebiet. Ist das Barometer richtig eingestellt, ist eine lokale Wetterprognose zwischen 24 und 48 Stunden möglich.

Hygrometer Der Hygrometer zeigt die Luftfeuchtigkeit in Prozent an. Um zuverlässige Angaben zu bekommen, sollte er mindestens zweimal im Jahr eingestellt werden.

Dem versierten Bergsportler stehen integrierte Messgeräte (Höhenmesser-Barometer) sowie Geräte mit Computeranalyse im Fachhandel zur Verfügung.

Wetter-
erscheinungen

Das Beobachten von Wet-
tererscheinungen zeigt,
welche aktuelle Wetterlage
bevorsteht. Kurzfristig gilt
dies besonders für Gewitter
und Wettersturz, langfris-
tig für anhaltende Wetter-
umstellung.

Gewitter

In den Monaten Mai bis in den September treten Gewitter, die am Berg besonders heftig sein können, in unregelmäßigen Abständen auf. Nachstehende Beobachtungskriterien geben Hinweise zur Einschätzung.

- Die Gewitterwolke, **Cumulonimbus**, birgt als Weiterentwicklung der mittelgroßen Haufenwolke (Cumulus) die größte Gefahr für den Bergsportler.
- Der Cumulus congestus, als blumenkohlartige Form aufgequollen, franst an seiner Oberseite aus und wird, in der für ihn typischen ambossartigen Ausprägung, zur Gewitterwolke. Als Cumulonimbus calvus ist er das Vorstadium zu einem Gewitter. Er zeigt sich in glatter Form mit einer Wolkenbasis, die im Sommer bei ca. 1000 Metern, im Winter bei ca. 600 Metern Höhe liegt. Die maximale Höhe dieser Wolkenbasis liegt im Alpenraum bei ca. 8000 Metern.
- Das Endstadium der Gewitterwolke, Cumulonimbus capillatus, verdunkelt in der Folge durch seine Wolkenmasse sehr schnell den Himmel. Spätestens jetzt ist ein erstes Donnergrollen hörbar, die Schutzhütte sollte bereits in Sichtweite sein.

Entwicklungsablauf eines Gewitters   Von einer Wolkenbasis quellen in schneller Folge Haufenwolken in die Höhe, die Wolkentürme mit Ambossformen ausbilden. Besonders gut lassen sich diese Entwicklungen im ersten Stadium im freien Gelände rechtzeitig erkennen. Die weite Sicht am Berg ermöglicht in der Regel ein frühzeitiges Reagieren, das nur Umkehr heißen kann. In der Umgebung der Wolkenspitze finden sich *Altocumulus floccus* (Schäfchenwolken) sowie *Cirren* ein. An der Wolkenunterseite entsteht eine Art Regenwolke, der Wind wird in der Folge böig und Donnern ist aus der Ferne zu hören. Das Gewitter steht unmittelbar vor seinem Ausbruch. Auf dem flachen Land vergehen von der Entstehung des *Cumulus congestus* bis zum ersten Donner etwa zwei Stunden. In den Bergen dagegen ist diese Zeit wesentlich kürzer anzusetzen und es kann innerhalb von nur

Cumulusbildung über dem Zugspitzplatt

30 Minuten zum Gewitterausbruch kommen. Die Entwicklungszeit ist abhängig von der Stärke der Hangaufwinde. Durch die Schräge der Berghänge erwärmt sich die Luft im Verlauf des Tages stärker als im Tal und wird an den Bergen zum Aufsteigen gezwungen. Der dabei entstehende *thermische Hangwind* ist wiederum abhängig vom Steigungswinkel zwischen Hang und direkter Umgebung sowie der jeweiligen Windstärke. Aus diesem Grund können Gewitter in den Bergen in so kurzer Zeit entstehen. Auf dem flachen Land wird der Wanderer vorwiegend mit den äußeren Erscheinungsformen eines Gewitters, wie Hagel, Blitz und Regen, konfrontiert.

Cumulonimbus über Daniel und Upspitze von Ehrwald/Tirol aus

Altocumulus floccus im Gebiet der Stubaier Wildspitze als vormittäglicher Gewitterkünder

In den Bergen kann man, im wahrsten Sinne des Wortes, in ein Gewitter geraten. Die bereits im Cumulus vorhandenen Aufwinde werden zu Sturmkanälen, die kaminartig die gesamte Wolke durchziehen und auf eine Geschwindigkeit von bis zu 60 Meter pro Sekunde (= 216 km/h) beschleunigt werden. In diesen Sturmkanälen werden von der Basis der Gewitterwolke Wassertröpfchen und Eiskristalle an die Wolkenspitze befördert und zerplatzen dabei. Die Folge ist eine Trennung der elektrischen Ladungen, der Blitz. Wolken enthalten große Mengen positiver und negativer Ladungen. Diese Ladungen versuchen sich von Wolke zu Erde – *Erdblitz* – oder von Wolke zu Wolke – *Flächenblitz* – auszugleichen, es entsteht ein elektrisches Feld, das sich durch gewaltige Funken und Blitze, die eine plötzliche Erhitzung der Luft erzeugen, ausgleicht. Luft wird aus der Blitzbahn entzogen, die dann wiederum in die luftverdünnte Blitzbahn zurückströmt und dabei Detonationswellen, also einen Donner, erzeugen. Nicht immer ist es Blitzschlag, der zu Unfällen mit Verletzungen oder Todesfolge führt. Gerät man in ein Gewitter, können

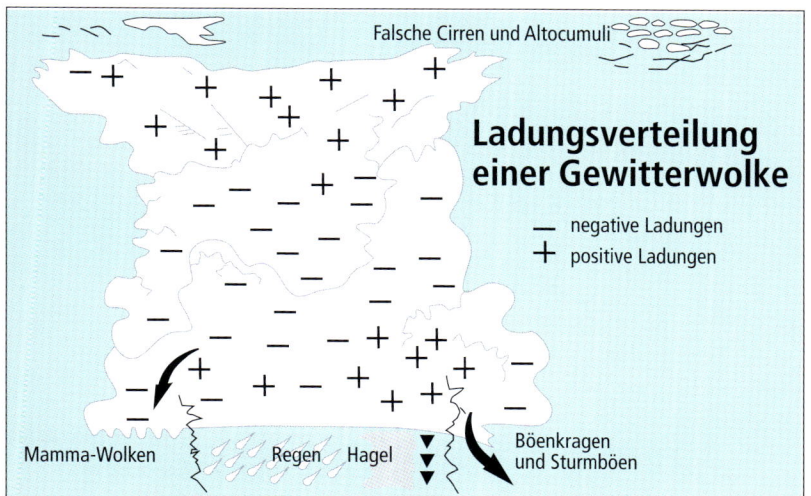

Falsche Cirren und Altocumuli

Ladungsverteilung einer Gewitterwolke

— negative Ladungen
+ positive Ladungen

Mamma-Wolken   Regen   Hagel   Böenkragen und Sturmböen

Stresssituationen entstehen, die, bei entsprechender körperlicher Vorschädigung, Reaktionen wie Herzinfarkt und Kreislaufzusammenbruch hervorrufen können.

Gewitterarten Die Meteorologie unterscheidet drei Arten von Gewittern.

1. Wärmegewitter Wärmegewitter bilden sich vorwiegend am Westrand von abziehenden Gebieten hohen Luftdruckes oder in flachen Gewittertiefs. Sie entstehen nur im Sommer, da zu ihrer Entwicklung eine starke Erhitzung der Talgründe und Berghänge notwendig ist. Feuchte Warmluft wird nach oben gesogen und bildet in der Folge Cumulonimben. Als charakteristisch ist die lose Verteilung der Gewitterwolken am Firmament zu bezeichnen. Ab den Nachmittagsstunden ist mit dem Niedergang eines, oftmals nur kurzen, Gewitters zu rechnen. Der Cumulonimbus löst sich, nach Entladung, in Form von dichten Federwolken (Cirren) als Gewitterwolke auf. Im Anschluss folgt wieder warmes schönes Wetter. Dieser Ablauf ist in den Sommermonaten besonders in den Dolomiten und im Karwendel zu beobachten bzw. in Gebieten mit überwiegend hohem Felsanteil.

2. Kaltfrontgewitter Kaltfrontgewitter entwickeln sich durch turbulente Anhebung von Warmluft an einer Kaltfront oder wenn Kaltluft einer Kaltfront in der Höhe vorauszieht. Dadurch wird das Wachsen von Cumuli eingeleitet. Kaltfrontgewitter sind die am häufigsten vorkommenden Gewitter. Als Gewitterfront überziehen sie in Aneinanderreihung hunderte von Kilometern. Sie sind durch starkes Fallen des Luftdruckes am Barometer zu erkennen, dem ein Ansteigen folgen wird. Temperaturstürze von 15 Grad sind keine Seltenheit. Ergiebige Schneefälle bis unter die Baumgrenze bringen im hochalpinen Bereich große Gefahren. Im Vergleich zu den Wärmegewittern treten Kaltfrontgewitter auch im Winter auf. Sie führen starke Schnee- und Graupelschauer mit sich. Gewitter, die in der späten Nacht oder am Morgen niedergehen, sind immer als Kaltfrontgewitter einzuordnen.

3. Warmfrontgewitter Warmfrontgewitter erscheinen nur, wenn warme Luft sich mit großer Vehemenz auf kalte Luft schiebt. Gewitterwolken werden in den Schichtwolken des aufgleitenden Luftstromes eingelagert und entladen sich in wenigen, kleinen Gewittern.

Blitzeinschlag Wo schlägt ein Blitz ein? Der Volksmund sagt: *Eichen sollst du weichen – Buchen sollst du suchen.* Im ersten Moment stellt man fest, dass Buchen tatsächlich weniger

Trotz sorgfältiger Beobachtung der Wolkenbildung und Windentwicklung während eines Aufstieges kann es nicht ausgeschlossen werden, dass ein heranziehendes Gewitter den Bergsportler im freien Gelände erfasst. Dies gilt besonders für den hochalpinen Bereich, wo Wege und Steige längere Gehzeiten bis zu einer Schutzhütte erfordern. Hinzu kommt, dass der Hochalpinist Ausrüstungsgegenstände (Steigeisen, Eispickel) mit sich führt, die eine weitere Gefahr bei Gewitterentladung bedeuten.

Blitzschlag über
Locarno am Lago
Maggiore/Tessin.

blitzschlaggefährdet sind als andere Bäume. Die Nachforschung ergibt, dass der physikalische Beobachtungsbereich um die Zusammenhänge unterhalb des Geländebodens erweitert werden muss. Der Bergsportler, der im freien Gelände von einem Gewitter überrascht wird, sucht natürlich nach den Orten, die möglichst blitzschlaggeschützt sind. Eine Bodenanalyse vor Ort kann er jedoch nicht vornehmen. Auf seinem Weg zur Einschlagstelle im Gelände sucht der Blitz hochragende Gegenstände, wie einzeln stehende Bäume, die als Leiter geeignet sind. Stehen mehrere Gegenstände beieinander, so schlägt der Blitz meist am höchsten Punkt ein. Aber auch seitliche Einschläge sind möglich. Folglich muss sich das entscheidende Moment eines Einschlagortes unter der Geländeoberfläche befinden. Die wissenschaftliche Auseinandersetzung zwischen der *Physik* und der *Radiästhesie*, der Lehre von den Reizzonen unterirdischer Wasserläufe und elektromagnetischer Erdkraftfelder, wird in der Öffentlichkeit kontrovers geführt. Interessant ist, dass Blitzeinschläge vorwiegend an Orten beobachtet werden, wo sich zwei Reizstreifen im rechten Winkel zueinander schneiden und in einem bestimmten Tiefe- und Stärkeverhältnis zueinander stehen. Der Blitz folgt in seiner Fallrichtung fast immer einer oberen Ader, die meistens eine Wasserader ist, und schlägt im Kreuzungspunkt der beiden Reizstreifen, die auch in größerer

Tiefe liegen können, ein. Natürlich wachsende Buchen werden in der Radiästhesie zu den Strahlenflüchtern gezählt, also stehen sie nicht auf Kreuzungspunkten. Reizzonen können sich aber durch tektonische Bewegungen verschieben, somit also auch Wasseradern, Verwerfungen und Kreuzungspunkte. *Einen absolut blitzsicheren Ort im freien Gelände gibt es nicht. Im Gebirge werden die Gefahren durch die Geländebeschaffenheit, wie Fels und Wasserrinnen, und Ausrüstungsgegenstände, wie Steigeisen, Eispickel und Kletterseil, potenziert.*

Föhn

Mit dem Spätsommer beginnt die Hochsaison des Bergsteigens. Die Temperaturen erreichen eine optimale Höhe, die Tage sind meist von einer stabilen Lage gekennzeichnet. Klare Luft mit fast unendlicher Fernsicht kann oftmals eine Erscheinungsform des Föhns sein. In Begleitung von fischförmigen Wolken, starkem Wind in den Tälern der Zentralalpen und plastisch wirkenden Bergen ist er jedem bekannt. Oftmals verursacht Föhn bei wetterfühligen Menschen auch Kopfweh oder Müdigkeit.

Entstehung des Föhns
Föhn ist in der Regel ein warmer, trockener Wind, der an der Seite eines Gebirges, die dem Wind abgewandt ist – Leeseite –, talwärts fällt. Er kann zu jeder Jahreszeit entstehen, ist aber im Herbst und teilweise im Frühjahr besonders häufig.

Ausgangslage   In breiter Front ziehen feuchte Luftmassen eines Tiefdruckgebietes vom Atlantik zum Mittelmeer und in der Folge über Oberitalien Richtung Norden gegen die Alpen. Die Berge, als natürliche Barriere, stauen diese und zwingen sie zum Aufsteigen. Ergiebige Niederschläge über den Dolomiten bis in das schweizerische Wallis »gönnen« dem Bergsteiger eine Pause. Im Aufsteigen kühlen die Luftmassen ab, wobei

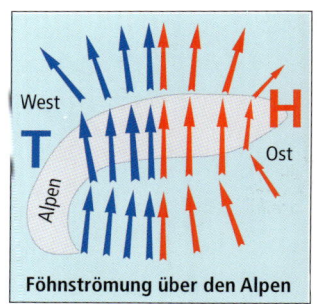

Föhnströmung über den Alpen

die Temperaturabnahme bei nicht feuchtigkeitsgesättigter Luft 1 Grad Celsius pro 100 Meter Höhe beträgt. Bei gesättigter Luft, also innerhalb der Wolken, sind, wegen der frei werdenden Kondensationswärme, nur 0,5 Grad Celsius pro 100 Meter Höhe am Außenthermometer abzulesen. *Rechenbeispiel:* Luftmassen, die über Südtirol +5 Grad Celsius haben, erreichen beim Aufsteigen an der Luvseite der Alpen, nimmt man die Basis der Wolke als Kondensationsniveau der Wolkenbildung mit 1000 Meter Höhe an, in 2000 Meter Höhe −10 Grad Celsius. Nachdem sie ausgeregnet sind, erwärmen sich die Luftmassen umgekehrt beim Absteigen an der Leeseite der Alpen um 1 Grad Celsius pro 100 Meter und kommen im bayerischen Oberland mit +10 Grad Celsius an. Während in Bozen starker Regen zum Bummeln in den Lauben einlädt, ist im bayerischen Garmisch-Partenkirchen eine schnelle Erhöhung der Lufttemperatur, der Rückgang der relativen Luftfeuchtigkeit und eine Zunahme der Windgeschwindigkeit der Beginn einer Föhnlage. Durch die Düsenwirkung des Loisachtales wird der Wind so beschleunigt, dass 100 Kilometer Geschwindigkeit am Talausgang bei Ohlstadt nicht selten sind. Gleiche Beobachtungen macht man unter anderem auch im Inntal vor Rosenheim, im Rheintal bei Bregenz in Vorarlberg und im Rhônetal zum Genfer See hin bei Montreux. Über den Bergen bilden sich in der Höhe Stauwolken mit Regen- und Schneefällen. Wie eine dicke Nebelwand liegen schwere Wolkenmassen auf den Bergkämmen auf und haben als Erschei-

»Föhnfische« über dem Alpenvorland

Föhnmauer
am Similaun/
Ötztaler Alpen

nungsform, die bekannte *Föhnmauer*, die für den Sportflieger
eine große Hindernis darstellt. An der Leeseite der Berge
stürzen die Luftmassen, in Form eines Fallwindes, zu Tal. Im
Winter verursacht dieser Fallwind im Alpenvorland innerhalb weniger Stunden eine starke Schneeschmelze, die zu
Überschwemmungen und Hochwasser an Flüssen, Bächen
und Seen führen kann. In den Nordalpen entsteht in gleicher
Weise eine akute Lawinengefahr, die gerade dem Skitouren-
geher im Frühjahr zum Verhängnis werden kann.

Föhnwolken Am königsblauen Firmament steht jetzt die
besonders von den Münchner Oktoberfestwirten ersehnte,
klassische Föhnwolke, *Altocumulus lenticularis*. Allein oder
im wellenartigen Verbund überzieht sie den Himmel. Ihre
Gestalt verändert sich kaum, ihr scharf markierter Rand
macht sie für jeden kenntlich. Sie gehört zu den mittelhohen
Wolken und ist eine typische Form des Altocumulus. Der
»Föhnfisch« steht überwiegend allein, manchmal auch in Begleitung von den hohen Wolken Cirrus und Cirrocumulus,
die teilweise gleiche Formen (fisch- oder mandelförmig)
haben können. Lenticularis-Wolken weisen einen stark aus-
geprägten Rand auf und verändern ihr Aussehen in einem
permanenten Rhythmus, der kaum sichtbar ist. Dieser
Rhythmus besteht aus einem Abschmelzen von Wassertröpfchen an den Rändern der Wolke und gleichzeitigem Hinzuführen neuer Wassertröpfchen aus dem Inneren. Die Föhn-

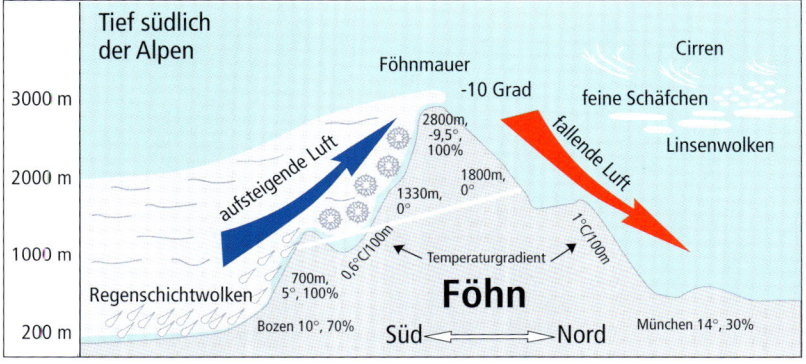

wolke zeigt einen Absinkvorgang an, bei dem zusammenhängende Wolkenfelder zerfallen und kleine Inseln bilden, die an den Rändern aufgelöst werden und ihre schichtförmige Ausbreitung verlieren. Eine weitere Erscheinungsform ist die *Föhnwoge*. Sie entsteht durch Wellenaufwind in Lee. Ihre untere Grenze liegt bei etwa 6000 Metern Höhe. Die Vorderseite der Wolke zeigt den bereits bekannten, markanten Rand auf. Die Rückseite dagegen ist zerrissen und im permanenten Auflösen begriffen. Ihr Standort ändert sich nur, wenn der Südwind seine Geschwindigkeit variiert. An der Wogenwolken-Vorderseite entsteht ein sehr starker Wellenaufwind, der dem Segelflieger große Steighöhen ermöglicht.

Paraglider und Drachenflieger sollten den Wellenaufwind unbedingt meiden!

Föhnphasen   Der »Indian Summer« bringt ruhige Herbsttage mit klarem Wetter in die Alpen. Endlose Fernsicht kann den Föhnphasen zu verdanken sein.
Daraus ergeben sich zwei Föhnphasen.
Antizyklonale Föhnphase   Die Alpen liegen an der Westseite eines Hochdruckgebietes über dem Balkan und an der Ostseite eines näher rückenden Tiefdruckgebietes über Frankreich. Geringe Bewölkung, zum Teil wolkenloser Himmel, überzieht den ganzen Alpenraum. In Tälern, die in Süd-Nord-Richtung verlaufen, weht der so genannte Südföhn,

> **❗🟢** Um Luftströmungsrichtungen zu verstehen, muss man wissen, dass auf der Nordhalbkugel der Erde die Strömung eines Hochdruckgebietes im Uhrzeigersinn auseinander driftet. Die Strömung eines Tiefdruckgebietes driftet gegen den Uhrzeigersinn gegeneinander.

aus südwestlicher bis südöstlicher Richtung. Die quer zur Windrichtung liegenden Alpen lassen die Luftmassen aufsteigen, die Berge überströmen und in die Täler der Alpennordseite, mit starken Böen, abfließen. Eine Wolkenbildung an der Alpensüdseite wird verhindert, solange die Luftmassen noch unter Einfluss des Balkan-Hochs liegen. Die Luft fällt mit der gleichen Temperatur in das Alpenvorland, wie sie über Südtirol aufgestiegen ist. Die antizyklonale Föhnphase ist praktisch eine Föhnform ohne direkte Wolkenbildung. Vereinzelte Cirren können dennoch zu beobachten sein. Dreht der Wind dann weiter auf Südwest, verstärken sich die Luftmassen des ankommenden Tiefdruckgebietes. Die zweite Föhnphase tritt ein.

Zyklonale Föhnphase Unter ständig fallendem Luftdruck nimmt der Südwind in allen Höhenlagen an Stärke zu. Feuchte und wolkenreiche Luftmassen ziehen über Norditalien, in den Südalpen fällt starker, lang anhaltender Regen. Zerrissene, vielschichtige Bewölkung begleitet in der Höhe die Föhnmauer, die sich über den Bergkämmen gebildet hat. Die Kaltluft hat Oberitalien und die Schweiz bis zum Alpenhauptkamm überflutet. Die Föhnmauer besteht aus den letzten Ausläufern des Regengebietes der Zyklone, mit sich auflösenden Wolkenbarrieren. Die Luftmassen stürzen als starker Fallwind ins Alpenvorland. Der Absinkvorgang erwärmt die Luft und trocknet sie aus. Dies bewirkt auch einen schlagartigen Abfall der Luftfeuchtigkeit. Körperliches Unbehagen tritt daraufhin bei vielen Menschen ein. Die in den Medien besonders in dieser Jahreszeit viel zitierte »Föhnkrankheit« reicht von Kopfschmerzen bis zur Zunahme von

Unfällen, auch im Bergsport, und Suiziden. Die Medizinmeteorologie beschäftigt sich mit diesen Fragen. Als gesichert gilt, dass besonders kreislauffühlige Menschen eine hohe Anfälligkeit zeigen, die aber bei entsprechenden Wetterlagen im Sommer, ohne Föhnerscheinung, ebenso festzustellen ist. Für den Bergsportler, der bei Föhn an entsprechenden Symptomen leidet, ist ein Verzicht auf das Bergsteigen und eine medizinische Abklärung angezeigt. Der zyklonalen Föhnphase folgen Tiefdrucksysteme mit schlechtem Wetter in der Folge, woraus sich folgender Schluss ableiten lässt:

Info!

Zyklonaler Föhn ist immer ein Schlechtwetterankünder. Da er sich zeitlich in seiner Erscheinungsform nicht einordnen lässt, sollte der Blick regelmäßig zum Himmel gehen, um die Beobachtungskriterien, die beim Aufzug eines Tiefdruckgbietes gegeben sind, nicht zu übersehen.

Sonderform des Föhns: Höhenföhn   Höhenföhn entsteht, wenn sich Föhn bis in das Alpenvorland nicht durchsetzen kann. Bereiche kälterer Luft, Kälteseen, verhindern bei schwächerem Föhn die Lufterwärmung im Talboden. Die Erscheinungsformen des Föhns (Altocumulus lenticularis, freie Berge) werden in der Höhe sichtbar. Föhn ist keine rein bayerische Angelegenheit, er lässt sich weltweit beobachten. Als Chinook wird der Fallwind bezeichnet, der im größten Föhngebiet der Erde, den Rocky Mountains im Westen der USA, bläst. Die Rockys bilden vom Pazifik her eine Sperre in

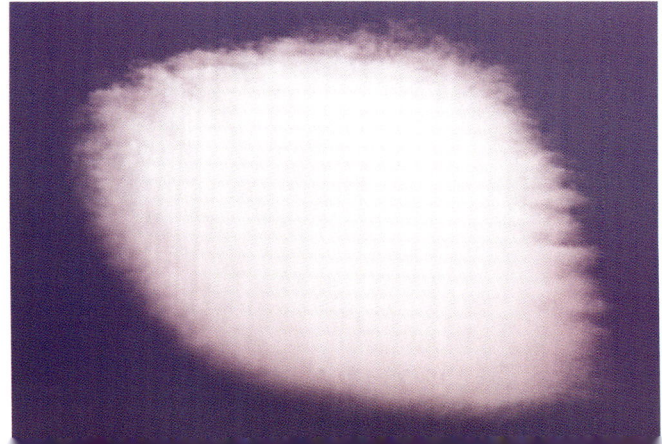

Altocumulus
lenticularis

der Westwind-Zone. In Europa ist der Mistral das Gegenstück zum Föhn. Als starker, böiger, kalter und trockener Nordwind bläst er längs des Rhônetals. Die natürliche Talverengung bewirkt eine Düsenwirkung wie am Gardasee. Aufgrund der niedrigen Höhe der Gebirge ist auch eine geringere Absinkhöhe gegeben, wodurch sich die Luftmassen nicht so stark erwärmen können, sie bleiben kalt. Gleiches gilt für die Bora in Dalmatien. Föhnvorgänge lassen sich auch in unseren Mittelgebirgen beobachten. An ihrer Luvseite entstehen ebenfalls Staubewölkung und Niederschläge. Die tiefen Wolken liegen an den Hängen und Baumwipfeln auf. An der Leeseite tritt ebenso Föhn auf. Der trockene Fallwind erwärmt sich, Wolkenauflösung setzt ein.

Nebel und Inversion

Wie dichte, weiße Watte liegt der Nebel über dem herbstlichen Alpenvorland, aber wie ist das Wetter in den Bergen? Diese Frage stellen sich, gerade im Spätherbst, viele Bergsportler, die der tristen Arbeitswoche entfliehen wollen, um ein herrliches Wochenende in den Bergen zu verbringen.

Nebel   Sind Luftmassen an Wasserdampf gesättigt, d. h. es kann kein Wasserdampf mehr aufgenommen werden, scheiden sie jeden Überschuss, z. B. in Form von Nebel aus. Nebel ist also, wie auch Wolken, ein Überschuss aus gesättigtem Wasserdampf. Diese Erscheinungsform tritt ein, wenn feuchte Luftmassen abkühlen. Steigt die Lufttemperatur wieder an, löst der Nebel sich auf. Vorstadium ist der Dunst, der aus schwebenden Schmutzteilchen besteht, an denen sich Feuchtigkeit niedergeschlagen hat. In besonders belasteten Industriegebieten ist er als Stadtnebel bekannt. Physikalisch ist Nebel eine Wolke, die als Bodennebel direkt auf der Geländeoberfläche liegt oder in der Höhe als Hochnebel erscheint.

Inversion   Nach den physikalischen Gesetzen der Atmosphäre nimmt die Temperatur der Luftschichten mit zunehmender Höhe ab. Bei einer Inversion ist dies anders. Man

Smog   Inversion   +5°C

-3°C

Smogsituation

spricht von Temperaturumkehrschichten, die sich beim Eintreffen von Warm- und Kaltfronten bilden können.

1. Bei einer Warmfront Auf dem Boden liegen kalte Luftmassen, über die wärmere Luft aufgleitet. An der Trennung beider Schichten, der Inversionsgrenze, wird die Temperatur plötzlich höher.

2. Bei einer Kaltfront Kältere Luftmassen schieben sich unter warme Luft, die angehoben wird. Es entsteht der gleiche Effekt. Die Umkehrschichten entstehen über dem Flachland in einer Höhe von ca. 500 Metern, in den Bergen bei 2000 bis 4000 Metern. Eine besondere Form der Temperaturumkehrschichten ist die *Bodeninversion*. Sie bildet sich nach Sonnenuntergang und im Verlauf der Nacht bei Auskühlen des Erdbodens in klaren und kühlen Nächten. Die am Boden aufliegenden Luftschichten kühlen stärker ab als höher liegende. Folge ist ein schichtartiges Ausbreiten der unteren Luftmassen. Besonders tückisch sind in dieser Jahreszeit örtliche Nebelschwaden für den Verkehrsteilnehmer. Oftmals nur bis Autodachhöhe treten Nebelschwaden, die in kleinen *Kälteseen* liegen, praktisch aus dem Nichts hervor. Die Inversion ist eine typische Erscheinung von herbstlichen oder winterlichen Hochdrucklagen. Ist es normalerweise auf den Bergen kälter als auf dem flachen Land, so ist es bei einer Inversion umgekehrt. Ballonfahrer schätzen diesen Effekt.

Nebelbildung Dem Erdboden wird über Nacht durch Ausstrahlung Wärme entzogen. Die Temperatur am Boden und der aufliegenden Luftschichten sinkt sehr stark ab, die Luft wird von unten her abgekühlt. Es bildet sich eine Verdichtung des überschüssigen Wasserdampfes zu Wassertröpfchen, Nebel entsteht. Die Unterseite der Nebelluftmassen kühlt, wegen der bestehenden Ausstrahlung, immer mehr ab. Raureif und kleinere Vereisungen mit oft faszinierenden Gebilden lassen sich bei Tourenbeginn am frühen Morgen an Pflanzen und Wassereinbettungen erkennen. Meist erscheint bereits in einer Höhe von 800 Metern ein leichtes Blau durch den Nebel und kurze Zeit später spürt man das warme Licht der Sonne. Die warme Kleidung, die zu Beginn einer Bergtour schon an den kommenden Winter erinnert hat, kann zunächst im Rucksack verstaut werden. Auf den Bergen herrscht »Kaiserwetter« mit milder und trockener Höhenluft und einer Sicht bis zum Horizont. Hochdrucklagen können sich sehr lange halten, somit auch eine Inversion. Eine Wetteränderung ist erst dann zu erwarten, wenn Schicht- und Schäfchenwolken von Südwesten am Himmel aufziehen. Diese sind Vorboten eines atlantischen Tiefdruckgebietes. Die Wolken verdichten sich sehr schnell, sinken ab und gehen in Regenwolken über, die eine Inversion beenden werden und lang andauernden Regen oder Schnee bringen können.

Oben: Inversionslage über dem Voralpenland

Unten: Nebelbildung am Ammersee

Smog Eine spezielle Form der Inversion, die besonders im November vorkommt, ist der Smog. Das Aufliegen warmer Luftmassen auf kalten wirkt faktisch wie eine Art Deckel, der den Luftaustausch verhindert. Vom Boden bis zur Inversionsgrenze reicht Nebel. Durch den fehlenden Luftaustausch bleiben auch Abgase und Industrierauch in diesem Inversionsbereich. Folge ist die schnelle Anreicherung der Luft mit Giftgasen und deren gesundheitsschädigenden Auswirkungen. Besonders problematisch wird Smog in Gebieten, die von Bergen umgeben sind. Der horizontale Luftaustausch fehlt vollkommen. Es entsteht ein gefährlicher »Kessel«-Effekt.

Globales Bergwetter

Mit dem globalen Bergwetter beginnen für den Bergsportler lang anhaltende Veränderungen im Wetterablauf, die sich meist über Tage hinziehen werden. Eingebunden sind diese Veränderungen in Druck- und Strömungssysteme, die über den gesamten Erdball verteilt sind.

Druck- und Strömungssysteme

Bereits bei der Tourenplanung muss sich der Bergsportler
über die Wetterlage für die Zeitspanne informieren, in der er
unterwegs sein will. Als zentrales Hilfsmittel ist die Wetterkarte zu nennen, die täglich vom Deutschen Wetterdienst
(DWD) herausgegeben wird. Sie ist durch die Medien jedem
zugänglich. Unter www.wetteronline.de kann man sich zweimal täglich die aktuelle Vorhersage von 9.00 Uhr oder 17.00
Uhr als E-Mail zusenden lassen. Um einen genauen
Überblick zur aktuellen Wetterlage zu bekommen, sind Wet-
terkarten notwendig, die über den Alpenraum hinausgehen.
Dabei ist es wichtig, die Strömungssysteme für die eigene
Wetterprognose zu erkennen.

Luftmassen   Strömungssysteme transportieren Luftmassen über große Entfernungen um den gesamten Erdball.
Für das Bergwetter im Alpenraum sind vier verschiedene
Luftmassen von Bedeutung:
1. Feuchte Meeresluft   Feuchte Meeresluft zieht über den
Nord-Atlantik aus westlichen Richtungen gegen die Alpen.
Das Wasser des Meeres ändert, über das Jahr gesehen, seine
Temperatur nur wenig. Im Gegensatz dazu sind die Tempe-
raturschwankungen auf dem Land sehr hoch, allein, wenn
man nur die Unterschiede zwischen Sommer und Winter
zum Vergleich heranzieht. Aufgrund der wechselnden thermischen Bedingungen zwischen Land und Meer ist Meeresluft im Winter relativ mild und im Sommer relativ kühl.
2. Festlandsluft   Als Festlandsluft jedem bekannt sind lang
anhaltende Hochdrucksysteme über Russland. Sie kommt
aus östlichen Richtungen mit relativ geringer Luftfeuchtigkeit, in den Alpenraum gezogen. Im Winter sind ihre Luftmassen extrem kalt, im Sommer sehr warm.
3. Polarluft   Aus nördlichen Richtungen strömt kalte Polarluft mit mäßig hoher Luftfeuchtigkeit über das ganze Jahr
hin immer wieder gegen die Nordseite der Berge.
4. Tropische Luft   Als warme Luft zieht sie, mit wechselnder
Luftfeuchtigkeit, aus südlicher Richtung in die Berge.

Wettergefahr!
Eine Gewitter-
wolke »ver-
schluckt« den
Beobachter
förmlich.

Windströmungen und Windablenkung   Würde man die
Erde als stillstehendes Modell betrachten, müsste der Wind
vom hohen Druckgebiet zum niedrigen Druckgebiet wehen,
also vom Hoch zum Tief. Durch die Drehung der Erde weht
er aber quer zu beiden Drucksystemen.

Info!

*Nach Gaspard Gustave Coriolis, französischer Mathematiker
(1792–1843), unterliegen Windströmungen der Coriolis-Beschleunigung. Diese ist eine Beschleunigung, die eine bewegte
Masse in einem rotierenden System neben der Zentrifugalbe-
schleunigung erfährt. Sie steht im rechten Winkel zur Bahn
und zur Rotationsachse des Systems.*

Das strömende Wasser in Flüssen auf der sich drehenden
Erde erfährt eine Coriolis-Beschleunigung nach einer Seite
hin, d. h., dass die Erosion auf der Nordhalbkugel stärker am
rechten, auf der Südhalbkugel am linken Ufer ist. Die Winde
der beiden Drucksysteme sind nicht geradlinig zum Zentrum hin (Zyklone), bzw. vom Zentrum weg (Antizyklone),
sondern umkreisen das jeweilige Druckgebiet. Die Windströ-
mung ist immer so, dass *rechts* von ihm das *Hoch* und *links*
das *Tief* liegt. Auf der Südhalbkugel ist es umgekehrt.

Bestimmung der Lage von Druckgebieten

Für den Bergsportler ist die Lagebestimmung eines Druck-
systemes einfach, wenn er den Wind beobachtet und seine
Richtung, z. B. über einen Kompass, festlegen kann.

1. Bei Wind aus West bis Südwest liegt ein Hochdruckgebiet im Süden oder ein Tiefdruckgebiet im Norden.
2. Bei Wind aus Nord bis Nordwest liegt ein Hochdruckgebiet im Westen oder ein Tiefdruckgebiet im
   Osten.
3. Bei Wind aus Ost bis Nordost liegt ein Hochdruckgebiet im Norden oder ein Tiefdruckgebiet im Süden.
4. Bei Wind aus Süd bis Südost liegt ein Hochdruckgebiet im Osten oder ein Tiefdruckgebiet im Westen.

Daraus ergeben sich vier vorherrschende Wetterlagen, die für den Alpenraum von Bedeutung sind:

1. Ein Tiefdruckgebiet liegt über der Nordsee, ein Hochdruckgebiet über Spanien.
   Strömungsrichtung: West-Nordwest
   Wetterlage: Kühl, wechselhaft und regnerisch. Diese Wettersituation ist die zentrale Wetterlage für den Alpenraum (Westwetter).

2. Ein Hochdruckgebiet liegt über Skandinavien, ein Tiefdruckgebiet über der Adria.
   Strömungsrichtung: Ost-Nordost
   Wetterlage: Gutes Wetter über Tage hinweg, trockene Luft, im Winter eisiger Wind und starker Frost (nachts Sternenfunkeln)

3. Ein Tiefdruckgebiet über Südengland, ein Hochdruckgebiet über der Ukraine.
   Strömungsrichtung: Die Strömung kommt aus Süd über die Alpen.
   Wetterlage: Föhn

4. Ein Hochdruckgebiet über Mitteleuropa, ein Tiefdruckgebiet über Island, ein weiteres über Nordwest-Russland.
   Strömungsrichtung: Das Hochdruckgebiet wird von den Luftströmungen im Norden umkreist.
   Wetterlage: Über dem Alpenraum herrscht schönes, trockenes ruhiges Wetter.

Wettersysteme

Für einen Wetterumschwung sind große Wettersysteme, in der Meteorologie als Fronten bezeichnet, verantwortlich. Sie können über 1000 Kilometer im Durchmesser haben. Mit diesen Wettersystemen werden nachhaltige Wetterveränderungen hervorgerufen, die auch das regionale Wetter in den Alpen betreffen.

Kaltfront   Im Alpenraum liegen warme Luftmassen über den Bergen. Eine Kaltfront nähert sich dem Alpenraum, die Lufttemperatur nimmt in allen Höhenbereichen bis zum

Eintreffen der Front zu. Der Wind kommt aus südwest- bis südlicher Richtung und ist im späten Jahr auf den Höhen stürmisch, der Himmel bleibt zunächst teils bedeckt.

Zwei Phasen sind zu beachten:

1. Ist der ankommenden Kaltfront eine Warmfront vorausgegangen, lockert die Bewölkung im unteren Bergbereich auf, Altocumuli und Stratocumuli sind das vorherrschende Wolkenbild über den Bergen.

2. Ist der Kaltfront keine Warmfront vorausgegangen, stellt man eine eindeutige Bewölkungszunahme fest, die mit dem Aufzug von Cirren am Himmel beginnt und ihren klassischen Verlauf nimmt (Cirren – Cirrostratus – Altocumulus – Altostratus – Cumulus). Die Fernsicht vor der Kaltfront weicht einem dunstigen Schleier. *Einzige Ausnahme: Föhn kommt unter Ausbildung der klassischen »Föhnfische«-Altocumulus lenticularis im Beobachtungsgebiet auf.* Nähert sich dann eine Kaltfront, treten im Sommer verstärkt Cumuli auf, die stark aufquellen und, als Nachweis für die ankommende Kaltfront, erste Gewitter zur Entladung bringen. Die vor der Kaltfront liegende warme Luft wird schnell nach oben angehoben. Die schnelle Aufwärtsbewegung kühlt die Luft ab, Cumuli entstehen. Aus Westen kommt es zur weiteren Wolkenverdichtung unter Schließung bestehender Wolkenlücken. Regen kommt auf, der teils schauerartig ist. Im Mai und Juni können Kaltfrontgewitter von besonders starker Intensität sein und sommerliche Wärmegewitter an Stärke bei weitem übertreffen.

Mit Einsetzen der Gewitter kommt stark böiger Wind aus südwest- bis westlicher Richtung auf. Die Berge hüllen sich in Wolken ein, die Lufttemperatur fällt, besonders anfangs, schnell. Im Sommer treten in mittleren Lagen um 2000 Meter Höhe Schneefälle auf, die den Hochalpinisten vor größte Gefahren stellen können. Die Kaltluftmassen ziehen jetzt gegen die Nordalpen, die Wolken hängen bis tief in die Täler und es kommt zum berühmten »Schnürl-Regen«. In der Wetterkarte werden Kaltfronten durch Dreiecke in Zugrichtung dargestellt.

Warmfront   Ein aufkommendes Tiefdrucksystem wird
oftmals durch eine vorausgehende Warmfront angezeigt.
Warmfronten haben einen schichtförmigen Wolkenaufzug
(Cirren – Cirrostratus), der sich, im Gegensatz zur Kaltfront,
langsam vollzieht und bis zu einem Tag dauern kann. Auch
hier beeinträchtigt aufkommender Föhn an der Alpennordseite die Wolkenentwicklung und löst bestehende Wolken
auf. An der Alpensüdseite ist mittlerweile eine Staubewölkung entstanden, die durch die Windsysteme des ankommenden Tiefdruckgebietes hervorgerufen worden sind. Die
Windrichtung ist, unter Zunahme der Windstärke, bei einer
Warmfront meist Süd bis Südwest. Auf den Bergen ist ein
Steigen der Lufttemperatur durch die warmen Luftmassen
deutlich spürbar. In der Folge ziehen hohe Cirren und
Cirrostratus am Himmel auf, die die Sonnenintensität
zunächst noch nicht beeinflussen. In der UV-Strahlen absor-
bierenden Gletscher- oder Sonnenbrille ist bei direkter Be-
trachtung eine Irisation zu erkennen, die das Licht in seine
Spektralfarben aufteilt. Die Windrichtung hat auf West bis
Nordwest gedreht, die klare Luft weicht zusehends. Geht der
Blick wieder zum Himmel, sind weitere Lichteffekte, die
Halo-Erscheinungen, zu erkennen, die wiederum in der UV-
Strahlung absorbierenden Brille besonders deutlich zu sehen
sind. Diese optischen Erscheinungen zeigen, dass bereits erste Luftfeuchtigkeit in Form kleiner Eisnadeln in den Wolken
vorhanden sind, der kommende Niederschlag kündigt sich
schon an. Die Wolken verdichten sich weiter und erhalten
eine graue Struktur. Altocumulus, als mittelhohe Schichtwolke, überzieht den Himmel in grauen flachen Walzen. Die
Verdichtung wird stärker, die Sonne erscheint wie hinter einem Milchglas, ein klares Zeichen für Altostratus, der den
Himmel fast ganz überdeckt. Der Wind dreht wieder auf
West bis Südwest, die Wolkenuntergrenze hat die Berggipfel
über 3000 Meter Höhe jetzt erreicht. Kommt in dieser Phase
nochmals Föhn an der Alpennordseite auf, so deutet dies
nicht auf eine anhaltende Wetterbesserung hin. Im Gegen-
teil, über den Dolomiten hängt bereits erste Staubewölkung.
Setzt sich die Warmfront durch, kommen niedere Wolken,

Stratocumuli, hinzu. Hohe Berge hüllen sich in der Folge in graue Wolkenschichten ein. Bei weiterem Absinken der Wolkenuntergrenze auf 2000 Meter Höhe setzt Regen aus Nimbostrati ein. Der bisherige Warmfront-Ablauf wird als Aufgleitfront bezeichnet. Pro 100 Kilometer Zugrichtung gewinnt die Warmluft nur 500 Meter an Höhe. Landregen mit weitflächigen Schichtwolken (Altostratus und Nimbostratus) gestaltet das Wetter in den Bergen. Die Niederschläge einer Warmfront dauern in der Regel bis zu einem Tag und lösen sich nach mäßiger Intensität wieder auf. Da mit einer Warmfront natürlich warme Luftmassen in den Alpenraum einströmen, ist ein Sinken der Schneefallgrenze nur von kurzer Dauer und unterschreitet die 3000-Meter-Grenze im Sommer nur selten. In der Wetterkarte werden Warmfronten durch halbkreisförmige Zeichen in Zugrichtung dargestellt.

Wetterfrontenbildung   Voraussetzung zur Bildung einer Wetterfront ist das Aufeinandertreffen von Luftmassen verschiedener Temperaturen. Die Weiterentwicklung einer Wetterfront zeigt sich auf der Wetterkarte durch Isobarenlinien in Ringform. Die ankommende Warmluft wird nach oben gehoben, wenn sie auf Kaltluft stößt. Der Luftdruck fällt in der Mitte des Druckgebietes am stärksten und steigt nach außen hin an.

1. Hochdruckgebiet (Antizyklone)   Die Entstehung eines Hochdrucksystems vollzieht sich wesentlich langsamer, als dies bei einem Tiefdruckgebiet der Fall ist. Antizyklonen entwickeln sich durch Luftzirkulation aus so genannten Hochdruckkeilen, die wandernden Tiefdrucksystemen nachfolgen. Sie grenzen die mit kalten Luftmassen angefüllten Rückseiten abziehender Tiefs nach Westen hin ab. Ein Hoch zeichnet sich meist durch klares, trockenes und ruhiges Wetter aus. Es verändert seine Lage kaum, ist oft tagelang stationär und zeigt eine geringe Windstärke. Für den Bergsportler kündigt ein Hochdruckgebiet schönes Wetter an. Für den Alpenraum ist das Azoren-Hoch, das zugleich stationär ist, wetterbestimmend. Stationäre Hochdruckgebiete fallen im Sommer durch lange Hitze- und Trockenperioden auf und führen vereinzelte Cumulus-Wolken mit sich. Die Cumuli bilden sich im Laufe des Tages und lösen sich kurze Zeit nach ihrer Entstehung wieder auf, spätestens gegen Abend. Im Winter bilden sie sich nach Auskühlen des Erdbodens und sind für tagelangen Nebel verantwortlich, der erst bei Eintreffen eines Tiefdruckgebietes durch Wolken in der Höhe aufgelöst wird. Die Wetterveränderung kündigt sich durch Winddrehung auf westliche Richtung an. Auf der Wetterkarte sind Hochdrucksysteme einfach zu erkennen, da ihre Isobarenlinien wegen der gleitenden Druckverteilung weiter auseinander liegen. Ist eine Antizyklone voll ausgeprägt, sind auch die Temperaturunterschiede fließend. Auf der Nordhalbkugel der Erde liegen die höchsten Temperaturen im Westen eines Hochs in einer südlichen Strömung, die tiefsten Temperaturen im Osten in einer nördlichen Strömung. Im Norden und Süden wechseln sie entsprechend der Strömungsstärke. Das schöne Bergwetter entsteht durch Absinkvorgänge der Luftmassen im Hochdrucksystem, die durch vertikales Druckgefälle die Luft erwärmen. Als positive Folge für den Bergsportler lösen sich vorhandene Wolken rasch auf, die relative Luftfeuchtigkeit sinkt. Der absteigende Luftstrom erhöht die Temperatur und stabilisiert die vertikale Luftschichtung. Die Absinkbewegung reicht im Winter bis in tiefe Lagen und bringt eine *Absinkinversion*. Im Sommer liegt sie bei 1500 bis 3500 Meter Höhe. Die Absinkinversion ist jetzt wesentlich schwächer, da die unteren Luftschichten durch die hoch stehende Sommersonne stärker erwärmt werden als im Winter.

2. Tiefdruckgebiet (Zyklone)   Tiefdrucksysteme kündigen sich bereits im Vorfeld durch optische Wettererscheinungen am Himmel an. Sie entstehen durch Streuung des Lichtes von Sonne, Mond oder Sternen. Neben Luftmolekülen sind in der Atmosphäre auch Ruß- und Staubpartikel enthalten, an denen das Licht gestreut wird. Durch Beugung, Brechung und Reflexion an Wassertröpfchen und Eiskristallen können herrliche Farbspiele am Himmel entstehen. In erster Linie erscheint der Himmel in blauer Farbe. Wird Licht an Gasmolekülen gestreut, senden die Moleküle sekundäre elektromagnetische Strahlungen in allen Wellenlängen aus. Der Anteil des kurzwelligen blauen Lichtes ist dabei im Vergleich zu den anderen Farben um ein Vielfaches größer. Der Himmel erscheint also blau. Ist bereits erste Feuchtigkeit, in Form von Eiskristallen, in den Luftmassen enthalten, bilden sich Sonnen- und Mondringe (Halos), die Umgebung der Sonne oder des Mondes erscheint getrübt. Halos entstehen durch Brechung und Beugung des Sonnen- oder Mondlichtes an kleinen Eisteilchen in der Luft. Je nach Lage und Kristallform der Eisteilchen entstehen die Spektralfarben des Sonnen- oder Mondlichtes. In Cirrostratus-Wolken lässt sich bei einheitlicher Teilchengröße ein heller, oft farbiger Ring um Sonne oder Mond erkennen. Oftmals sind nur Teile eines Halos wahrnehmbar, die »Nebensonnen« genannt werden und horizontal rechts und/oder links der Sonne auftreten. Eine ähnliche Entwicklung haben Sonnen- und Mondhöfe. Großflächige Tiefdrucksysteme bilden sich, wenn nebeneinander liegende kalte und warme Luftmassen sich ineinander »verdrehen«. Tiefdrucksysteme, die für den Alpenraum von Bedeutung sind, bilden sich an der Grenzlinie zwischen polaren Luftmassen im Norden (Island-Tief) und tropisch warmen Luftmassen im Süden (Azoren-Hoch). Es entsteht eine Polarfront, die längs einer Linie Hudson Bay und Labradorsee (Kanada) über den Nordatlantik, Irland, Schottland, Südnorwegen, Finnland, Russland, Sibirien wie-

»Cirrensalat« durch starke Luftströmungen in der Höhe

Nebensonne
als Schlecht-
wetterkünder

der nach Kanada angeordnet ist. Von einer ersten Entwicklung bis zum ausgewachsenen Zyklonen-Wirbel können bis
zu vier Tage vergehen, die durch verschiedene Phasen gehen:
1. Phase: Luftmassen, im Norden kalte Luft und im Süden
warme Luft, bewegen sich aus westlicher Richtung, längs
einer Polarfront, Richtung Europa.
2. Phase: Die westliche Strömung der Polarfront wird wellen-
artig verformt. Eine Warmfront bildet sich, da warme Luft
im vorderen Bereich der Welle nordostwärts gegen die Kaltluft strömt. Im rückwärtigen Teil der Welle entsteht ein Kaltlufteinbruch im Bereich der warmen Luft.
3. Phase: Die Polarfront bekommt einen Knick. Zwischen
Warmfront und Kaltfront entsteht ein Sektor warmer Luft.
Im Amplitudenpunkt der Welle fällt jetzt der Luftdruck
stark, ein geschlossenes Luftströmungssystem, eine Zyklone,
ist entstanden. In schneller Folge zieht die entstandene Zyklone nach Osten.
4. Phase: Das Tiefdrucksystem erweitert sich und nimmt an
Umfang zu, wobei die Geschwindigkeit sich wegen ihrer
Masse verlangsamt. Die Kaltfront des Tiefs holt die vor ihr
liegende Warmluft ein. Eine *Okklusion* entsteht, der Warmsektor wird weiter kleiner.
5. Phase: Das Tiefdruckgebiet ist jetzt voll entwickelt und
wird stationär. Der Warmsektor hat sich ganz aufgelöst.

Horizontale Temperaturgegensätze, die zur Zyklonen-Entwicklung geführt haben, gleichen sich aus. Die Wirkung der Reibungskräfte mit dem Erdboden bedingen in unterschiedlich langer Zeit das Auflösen des Tiefdrucksystemes. Tiefs ziehen mit eingebetteten Wolken- und Regenbereichen schnell über das Land hinweg und legen bis zu 1000 Kilometer am Tag zurück. In Wirbelform kämpfen kalte und warme Luftmassen miteinander, Wolken werden gebildet und Regen setzt ein. Der Aufzug eines Tiefdruckgebietes bringt für den Bergsportler oftmals größte Gefahren mit sich. Dabei können auch im Sommer Schneefälle bis in Talnähe, Stürme und Hagelgüsse auftreten. Im Alpenraum sind Zyklonen, bedingt durch die Erdrotation, aus westlicher Richtung zu erwarten, wobei sie auf ihrem Weg bestimmte Zugstraßen einhalten.

Ablauf einer Zyklone

Vorderseitenwetter Bei schönem Wetter ist man am Morgen aufgestiegen. Der Himmel ist blau, der Wind kommt leicht aus südöstlicher Richtung. Gegen Mittag dreht der Wind im Bergbereich auf Süd, die Luft ist glasklar. In der weiteren Folge kündigt sich am Himmel ein Wetterumschwung mit dem Erscheinen schichtenförmig angeordneter Aufgleitbewölkung an. Keilartig, auf bis zu 1000 Kilometer Länge ziehen Wolken auf. In zwölf Kilometer Höhe beginnen erste faserige Cirren aus süd- bis südwestlicher Richtung den Wetterumschwung anzuzeigen. Ein *Aufgleitvorgang* hat begonnen. Einige Stunden später verschleiern Cirrostrati das Firmament. Sicheres Zeichen des Wetterumschwunges sind jetzt die Nebensonne und der Sonnenring (Halo). Der Luftdruck fällt, die Temperatur sinkt. Spätestens jetzt muss der Bergsportler sein weiteres Vorgehen entscheiden. Geschlossener Altostratus lässt die Sonne wie hinter Milchglas erscheinen. Die Aufgleitbewölkung bedeckt den Himmel mittlerweile vollkommen. Kurz darauf treffen die ersten Nimbostrati ein. Zwischen 150 bis 300 Kilometer vor der Frontenlinie fällt Landregen aus tief liegenden Schichtwolken, die mit Stratus verbunden sein können. Der Wind bläst auffrischend aus Süd bis Südwest, der Luftdruck bleibt auf dem gefallenen Niveau, die Temperatur ist kühl.

Zyklone aus Sicht eines Wettersatelliten

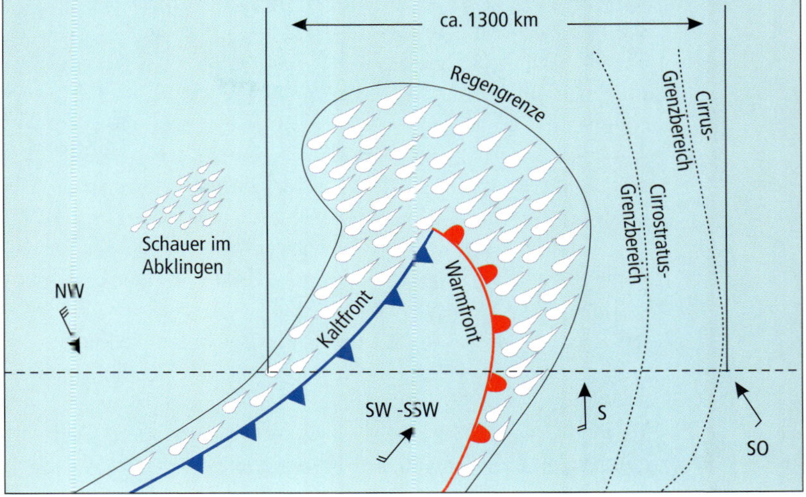

ca. 1300 km

Regengrenze

Cirus-Grenzbereich

Cirrostratus-Grenzbereich

Schauer im Abklingen

NW

Kaltfront

Warmfront

SW -SSW

S

SO

Seitenansicht einer Zyklone

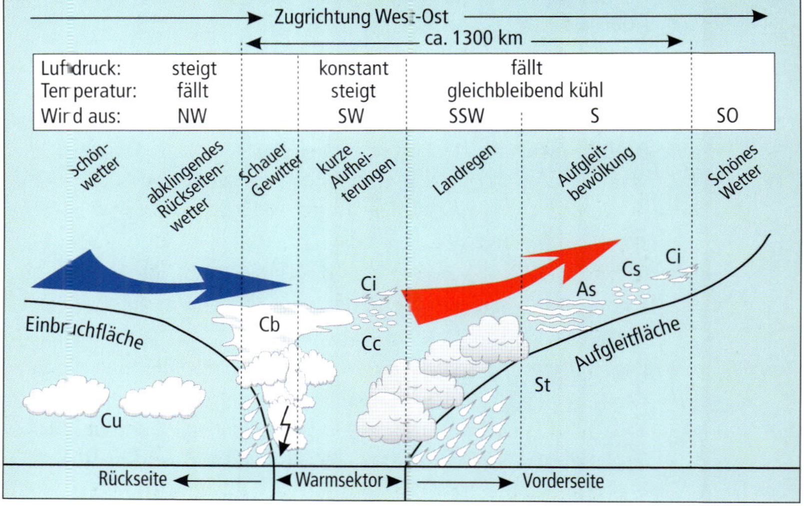

Zugrichtung West-Ost

ca. 1300 km

Luftdruck:	steigt		konstant	fällt		
Temperatur:	fällt		steigt	gleichbleibend kühl		
Wird aus:	NW		SW	SSW	S	SO

Schönwetter

abklingendes Rückseitenwetter

Schauer Gewitter

kurze Aufheiterungen

Landregen

Aufgleitbewölkung

Schönes Wetter

Ci

Cs

Ci

As

Einbruchfläche

Cb

Cc

St

Aufgleitfläche

Cu

Rückseite ◄— —◄ Warmsektor ►— —► Vorderseite

Warmsektor Ein Auflösen der tief liegenden Schichtwolken ist in den folgenden Tagen zu beobachten. Der
Landregen lässt nach, vereinzelte Aufheiterungen geben
schon einen Hinweis auf besseres Wetter. Der Luftdruck
bleibt konstant, die Temperatur steigt. Der Wind kommt in
mittlerer Stärke aus Südwest. Im weiteren Verlauf klart es
auf und die Sonne scheint, die Sichtweite bleibt aber mäßig.
Als typische Wolken geben sich Stratocumuli und Haufenwolken ein Stelldichein. Ergänzt werden sie durch Altocumuli und Altostrati, manchmal auch durch vereinzelte
hohe Cirren. Ein Warmsektor ist aber nur von kurzer Dauer,
der Einbruch von Kaltluftmassen steht bevor. *Achtung, auf-
kommende Wettergefahr!*

Rückseitenwetter Kaltluftmassen ziehen in einer Stärke
von ca. 100 Kilometer über den Atlantik aus westlicher
Richtung in den Alpenraum. An ihrer Front wird die kalte
Luft heftig emporgehoben. Stark quellende Cumuli sind
jetzt Zeichen des aktivsten Teils des Tiefdrucksystemes. An
der Kaltfrontfläche bricht kalte Luft in den Warmsektor ein
und schiebt diese schnell nach oben. Starke Schauer mit ein-
gelagerten Gewittern werden von böigen Winden aus Nordwest begleitet. Im Sommer quellen Cumuli stark nach oben
und bilden große Cumulonimben aus, die sich in starken
Gewittern mit kräftigen Blitzen, vor allem in felsigen Ge-
birgsregionen, entladen können. Als besonders blitzschlag-
gefährdete Berge in den Alpen gelten die *Dru bei Chamonix*
und beide *Tribulaune im Brennergebiet* zwischen Südtirol
und Österreich. Der Luftdruck, der vor Eintreffen der Kaltfront nochmals gefallen ist, steigt mit Einbruch der Kaltluft
stark an, die Temperatur fällt in Kürze um mehrere Grade.
Hinter der Kaltfront löst sich die Bewölkung schnell auf. In
einigen Stunden werden Regen und Wind nachlassen. Cumuli und kleinere Cumulonimben herrschen am Himmel
und bringen noch vereinzelt Regenschauer. Die Regenwolken lösen sich, gefolgt von vereinzelten Cumuli, auf. Die
Temperatur sinkt noch weiter, der Luftdruck steigt langsamer. Mit Ende der Schauer wird die Sicht über den Bergen
wieder besser.

Messgeräte auf der Zugspitze in gewitterlicher Stimmung

Sonderform: Okklusion   Als Okklusion wird in der Meteorologie die Vereinigung einer Kaltfront mit einer Warmfront bezeichnet. Sie entsteht dann, wenn die Kaltfront die vor ihr liegende Warmfront einholt. Die Warmfront wird nach oben gedrückt und ist als vorüberziehendes Wolkenfeld ohne weitere wesentliche Wettererscheinungen zu sehen.

Bewegungen von Drucksystemen   Drucksysteme bewegen sich nach Richtung und Geschwindigkeit sehr unterschiedlich, wobei es stationäre und wandernde Drucksysteme gibt. Die Bewegung von Drucksystemen wird durch Luftströmungen im oberen Bereich der Troposphäre beeinflusst. Durch die Erddrehung bedingt und in Verbindung mit Höhenwinden liegt die Zugrichtung von Zyklonen und Antizyklonen um West. Die Fortbewegungsgeschwindigkeit ist dabei von der Höhenströmung abhängig. Je großflächiger ein Drucksystem ist, desto geringer ist seine Geschwindigkeit. Der Wechsel von einem Drucksystem zum anderen liegt bei ungefähr 24 Stunden, d. h., liegt ein Hoch über dem Beobachtungsgebiet, wird es bei einem Wetterumschwung innerhalb von einem Tag durch ein Tief ersetzt. In der Regel sind Warmfronten langsamer als Kaltfronten.

Wind und Wettersturz Für den Bergsportler gehört der Wettersturz zu den größten meteorologischen Gefahren. Ein sehr warmer Tag zeigt am Nachmittag im Dunst der Hitze erste Bewölkung, die sich in schneller Form zu aufgetürmten Cumulus-Wolken entwickelt. Mit einer raschen Verdunkelung des Himmels kommt stürmischer Wind auf. Kurz darauf ist erstes Donnergrollen zu hören. Hochreichende, kalte Meeresluftmassen polaren Ursprungs, aus Richtung um Nordwest, bringen bereits im flachen Land Regenschauer und zeigen eine umfassende Wetterverschlechterung an. In kurzer Folge werden die Meeresluftmassen gegen die Alpen gedrückt und, durch die natürliche Barriere der Berge, zum Aufsteigen gezwungen. Die allseits berüchtigte Staubewölkung entsteht. Erscheinungsform der Staubewölkung sind ergiebige und lang andauernde Niederschläge, die bis zu 120 Stunden andauern können. Schneefälle im Mai bis in die Täler und im Sommer Regengüsse, die mit Gewittern einhergehen können, bringen Gefahren für jeden Bergsportler. Besserung tritt erst bei Winddrehung nach West oder Nordost ein, wodurch die angestaute Kaltluft die Alpen übersteigen kann und zu einer Tiefdruckbildung über Oberitalien führt. Die Staulage in den Nordalpen

Wettersturz im Gebiet des Sudelfelds/ Bayerische Alpen

ist dann beendet. Das dabei entstandene Oberitalien-Tief
bringt Windströmungen gegen die gesamte Breite der Südalpen. Sie treffen in allen Bereichen, vom Aostatal bis in die
Dolomiten, auf föhnartige Fallwinde, die sich aus Luftmassen beim Überströmen der Alpen von Nord nach Süd entwickeln. Zieht das Oberitalien-Tief dann beispielsweise
Richtung Balkan ab, werden diese Fallwinde aus Nord nicht
mehr aufgehalten und bewirken eine Situation, die dem
Föhn im Alpenvorland entspricht, den »Nord-Föhn«. Die
plastische Erscheinungsform der Berge bei absolut klarer
Luft ist jedem Bergsportler bekannt.

Wettereinflüsse im Alpenraum

Klima, Bergwetter und Witterung   *Klima* ist die Analyse
aller Beobachtungen des Atmosphärenzustandes und des
Witterungsverlaufes in einem langjährigen Beobachtungs-
zeitraum. Der Alpenraum liegt in den gemäßigten Zonen,
astronomisch zwischen dem Nordpolarkreis und dem Wen-
dekreis des Krebses. Er wird beeinflusst vom kontinentalen
Klima, das für heiße Sommer und eiskalte Winter sorgt, und
dem maritimen Klima, das kühle Sommer und milde Winter
bringt.

Bergwetter ist der momentane Zustand der Atmosphäre, in
Abhängigkeit von Wind, Wolken und deren jeweiligem Auf-
bau, Niederschlagsarten, Luftdruck, Lufttemperatur und
Luftfeuchtigkeit.

Witterung ist der Ablauf des Wetters in einem bestimmten
Zeitraum, zum Beispiel monatlich. In diesem Zeitraum
kommen alle Wetterfaktoren zur Bewertung, die sich in dieser Zeit abspielen. Witterungsverhältnisse spielen sich in der
Atmosphäre ab.

Golfstrom   Der Golfstrom, der im Golf von Mexiko entsteht und nördlich der Bahamas mit dem Antillenstrom zu-
sammentrifft, ist ein wesentliches Element für die Wetterge-
staltung im Alpenraum. Als warmer Wasserstrom zieht er
nordostwärts auf die Britischen Inseln zu und erreicht in der
Folge die Küste Norwegens. Bis über den 30. Grad nördlicher
Breite hält er das Meer eisfrei. Nicht umsonst wird die be-

kannte norwegische Hafenstadt Tromsö das »Paris des Nordens« genannt. Erst bei Spitzbergen und in der Barentssee erlischt die Wirkung des Golfstromes. Auf seinem langen Weg über dem Nordatlantik trifft er mit den Kaltwassereinbrüchen aus dem Labrador- und Ostgrönlandstrom zusammen. Ausläufer des Golfstromes reichen im Süden bis zu den Kanarischen Inseln. Wissenschaftler ordnen dem Golfstrom eine noch größere klimatische Bedeutung zu. So wird erforscht, inwieweit das Wasser in der Tiefe wieder Richtung Ausgangsort zurückströmt, um von neuem seinen Weg Richtung Europa aufzunehmen.

Sonneneinstrahlung   Für die Temperaturunterschiede auf der Erdoberfläche ist der Einfallswinkel der Sonneneinstrahlung in erster Linie verantwortlich. Dieser Einfallswinkel ist, allein schon durch den unterschiedlichen Sonnenstand im Verlauf der Jahreszeiten, veränderlich und hängt zusätzlich von der geografischen Breite ab.

Meeresströmungen   Meeresströmungen werden durch Windeinfluss und Unterschiede in der Wasserdichte, wie Salzgehalt und Wassertemperatur, gebildet. Aufgrund der großen Wärmekapazität des Meerwassers bewegen Meeresströmungen umfangreiche Wärmemassen in höhere Breiten und beeinflussen somit auch den Alpenraum.

Wasserdampf, Wolken, Niederschlag   Für den Bergsportler bedeutet einsetzender Regen, dass eine »künstlerische« Pause angesagt ist. Die Physik erklärt uns die Grundlagen: Wasserdampf ist unsichtbar, Wasserdampf ist Wasser in gasförmigem Zustand.

Niederschlagsarten   *Regen* entsteht, wenn aufsteigende Luftmassen so weit abkühlen, dass die relative Luftfeuchtigkeit von 100 Prozent erreicht wird. Dann kondensiert der Wasserdampf an Kondensationskernen, wie z. B. Staubteilchen. Kleinste Wassertröpfchen entstehen, die zu größeren verschmelzen und an Gewicht zunehmen. Das Gewicht kann mit dem Auftrieb nicht mehr standhalten, sie regnen ab.
Reif bildet sich, wenn der Wasserdampfgehalt der Luft an unteren Oberflächen unter 0 Grad Celsius vom dampfförmigen in den festen Zustand übergeht (Sublimation). Raureif ent-

steht, wenn Wassertröpfchen aus Nebel beim Auftreffen, z. B. auf Fels, gefrieren.

Bei *Tau* kondensiert der Wasserdampfgehalt der Luft an kühleren Oberflächen.

Schnee ist Niederschlag in fester kristalliner Form. Er entsteht wie der Regen in großer Höhe bei Temperaturen zwischen −4 bis −20 Grad Celsius, wenn Wasserdampf gefriert.

Hagel ist ein Produkt hoher Gewitterwolken. Bei raschem Aufstieg warmer und feuchter Luftmassen in der Gewitterwolke bilden sich kleine Wassertropfen, die in eine tiefer liegende Kältezone stürzen, in der sie vereisen. Das entstehende Hagelkorn lagert weitere Wassertropfen als zusätzliche Eisschichten an. In der Folge stürzt das Hagelkorn, für den Auftrieb zu schwer geworden, aus der Gewitterwolke. In hohen Cumulonimben können die Hagelkörner, die sich in einem ständigen Auf und Ab in der Wolke (Paternoster-Effekt) bewegen, die Größe eines Babykopfes erreichen. Das auf dem Erdboden ankommende sichtbare Hagelkorn hat nur noch einen geringen Umfang des ursprünglichen. Ballonfahrer, Drachenflieger und Paraglider sollten Mut und Können beweisen, indem sie diese Wettergefahren absolut meiden.

❗ Wie entsteht der Niederschlag?

🟢 Wasser verdunstet durch Sonneneinstrahlung und es entsteht Wasserdampf. Die zunächst warme Luft nimmt viel Wasserdampf auf. Beginnt die Luft nun zu steigen, kühlt sie ab. Je kälter die Luft wird, desto weniger Wasserdampf kann sie aufnehmen. Ein Sättigungsgrad wird erreicht. Kühlt die Luft weiter ab, beginnt der Wasserdampf zu kondensieren, es bilden sich erste Wassertröpfchen. Eine Wolke, die aus in der Luft schwebenden Wassertröpfchen besteht, wird am Kondensationsniveau sichtbar. Die Tröpfchen werden größer und dadurch auch schwerer, sie fallen förmlich aus der Wolke, es beginnt zu regnen.

Lokale Bergwetter-prognose

Definition Prognose und Vorhersage: Eine Prognose ist eine Voraussage, die rein auf Erfahrungswerten beruht, während eine Vorhersage zusätzlich Statistiken und Messergebnisse mit einbezieht.

Bergwetterprognose und Wetterkarte

Die Wetterkarte ist für jeden, der das Wetter bestimmen will, das wichtigste Hilfsmittel zur Wettervorhersage. Moderne Medien wie das Internet oder Handys mit WAP-Ausstattung sind Informationsquellen geworden, die eine kurzfristige Wettervorhersage immer weiter präzisieren.

Die aktuelle Wetterkarte gibt, neben der Lage der Drucksysteme, Informationen über Luftdruck (Isobaren), Warm- und Kaltfronten, Luft- und Windströmungen, Luft- und Wassertemperaturen, Wolkenbedeckung und Niederschläge.

Wie muss man eine Wetterkarte lesen?

Das Lesen und Verstehen einer Wetterkarte gehört zum Rüstzeug eines Bergsportlers, wie das richtige Anseilen oder die optimale Vorbereitung. Die Zeichen der Wetterkarte sind logisch einfach aufgebaut und können der Tabelle, die neben jeder Wetterkarte steht, entnommen werden.

Das nachstehende Schema entschlüsselt die meteorologischen Informationen:

1. Beobachtungsorte, Wetterstationen, werden durch einen kleinen Kreis angezeigt, der je nach Ausfüllung gleichzeitig den Bewölkungsgrad angibt.
2. An den Kreis ist ein Windpfeil angefügt, der die Richtung angibt, aus der der Wind auf die Beobachtungsstation bläst. Die Querstriche am Ende des Pfeiles, einfach oder doppelt lang, zeigen die Stärke des Windes an.
3. In der Nähe der Wetterstationen sind Sichtverhältnisse, Niederschläge und Temperaturen eingezeichnet, wobei eine Angabe »Nebel« erst dann zutrifft, wenn die Sicht unter 1000 Meter liegt.
4. Die durchgezogenen Linien, Isobaren, verbinden die Orte gleichen Luftdrucks auf Meereshöhe reduziert. Die Druckkerne sind mit H für ein Hochdrucksystem und T für ein Tiefdrucksystem bezeichnet.
5. Die Zeichen für Wetterfronten und großräumige Strömungssysteme gliedern sich an.

Auswahl von Homepages im Internet:
www.wetteronline.de
www.wetter.com
www.meteomedia.ch
www.donnerwetter.de
www.alpenwetter.com
www.wolkenonline.de

Cumulonimbus über Daniel und Upspitze von Ehrwald/Tirol aus

Bergwetterprognose durch Wolkenbeobachtung

Cirrus (Ci)   1. Ziehen Cirren aus südwest- bis nordwestlicher Richtung auf und verdichten sich allmählich, tritt eine Wetterverschlechterung innerhalb von 48 Stunden ein. Der Luftdruck fällt, die relative Luftfeuchtigkeit steigt.

2. Cirren, die aus Richtung um Ost vereinzelt am Firmament in Reihe stehen, verharren eine Zeit lang und lösen sich dann auf. In dieser Lage sind Cirren Vorboten schönes Wetters, eine Wetterberuhigung steht bevor.

Cirrostratus (Cs)   1. Cirrostratus erscheinen an der Vorderseite heranrückender Tiefdruckgebiete.

2. Cirrostratus führt selbst keinen Niederschlag mit sich.

3. Mit zugleich fallendem Luftdruck ist er ein sicheres Zeichen für das Einsetzen von Regen, bis zu dem aber noch einige Stunden vergehen werden.

4. Halo und Nebensonnen, die links und/oder rechts von der Sonne stehen können, zeigen, dass bereits erste Feuchtigkeit in der Luft vorhanden ist. Eine beginnende Wasserdampfverdichtung ist der Anfang des nachfolgenden Niederschlages.

Cirrocumulus (Cc)   1. Ziehen Cirrocumuli schnell unter wogenförmiger Ausbildung aus West, tritt in Kürze ein Wetterumschwung ein.

2. Feine Cirrocumuli können vor Gewittern bereits am schönen Vormittag entstehen. Die weitere Wolkenentwicklung muss spätestens jetzt permanent beobachtet werden, um rechtzeitig eine Umkehr einleiten zu können, wenn im weiteren Tagesverlauf Cumuli entstehen und vertikal zu quellen beginnen.

Altocumulus (Ac)   1. Altocumulus gilt als Schlechtwetterbote.

2. In mehreren Schichten übereinander zeigt er eine geschlossene Wolkendecke. Verbindet er sich mit der mittelhohen Schichtwolke, muss der Regenschirm bald ausgepackt werden.

3. Bei der Verbindung von Altocumuli entsteht eine hohe Schichtwolke, die wieder in die typische Altocumulus-Form

zerfallen kann. Sie wird Ac undulatus, *Wogenwolke*, genannt. Gleich der Entstehung einer Wasserwelle wird sie in höhere Luftschichten angehoben und durch Abkühlung als Wolke sichtbar. Ac undulatus entsteht an der Grenzfläche zweier verschiedener Luftmassen. Bei seinem Erscheinen ist mit einem Wetterumschwung zu rechnen. Gerade im Hochgebirge ist dann eine intensivere Wetterbeobachtung angezeigt, da sich Ac undulatus im Sommer gerne vor starken Gewittern entwickelt.

4. Eine weitere Erscheinungsform des Altocumulus ist der Fallstreifen. Als milchiger Schleier hängt er vom Himmel herab, ohne den Erdboden zu berühren. Fallstreifen sind Schnee- oder Regenschleier, die beim Herunterfallen in warmer Luft verdunsten. Auf dem flachen Land haben sie deshalb keine Bedeutung, im Gebirge kann man aber schon mal in einen Schauerstreifen geraten, der, von der Sonne beleuchtet, nach wenigen Minuten zu Ende ist.

Altostratus (As)   1. Zunehmendes Verhüllen der Sonne durch Altostratus kündet das Eintreffen einer Warmfront an. 2. Bilden sich in der konturlosen Altostratus-Schicht an der Untergrenze *Altostrati fracti*, folgt anhaltendes regnerisches und nasskaltes Wetter. In den Bergen schneit es bis in mittlere Lagen.

3. Bleibt es bei einem Durchscheinen der Sonne, ohne Ausbildung von Fractus-Wolken, ist es zunächst weiter trocken.

Nimbostratus (Ns)   1. In strukturloser, eintöniger Wolkenform bringt der Nimbostratus lang andauernden Regen, im Hochgebirge Schneefall.

2. Das Erscheinen erster Strukturen und Aufhellen in einer immer noch geschlossenen Wolkendecke lässt den Bergsportler auf ein Ende des Regens und ein langsames Aufreißen der Wolkendecke hoffen.

V.l.n.r.: Cirren künden einen Wetterumschwung am Aufstieg des Schrankogels/Stubaier Alpen an. Bereits am Abend setzte Regen ein.

Altocumuli in klassischer Form am herbstlichen Himmel

Altocumulus castellanus. Türmchen-Wolken vor Gewitter mit Hagelschlag

Links:
Ein Cumulus
türmt sich in
kurzer Zeit auf.

Rechts:
Beutelförmige
Mamma-Wolken

Stratocumulus (Sc)   1. Der Stratocumulus ist als Schönwetterwolke Garant für stabiles, oft trübes Hochdruckwetter und zeigt Aufhellung in Wolkenlücken mit teils blauem Himmel.
2. Stratocumulus kann zur Schicht- und Regenwolke übergehen und dadurch schlechtes Wetter bringen.
Stratus (St) und Inversion   1. Inversionen entstehen vorwiegend zur Herbstzeit.
2. Liegen diese im unteren Bergbereich, also bei 700 bis 1000 Metern Höhe, ist im Tal Nebel, auf den Bergen dagegen herrliches Wetter.
3. Einer Bodeninversion müssen die Bergsportler Aufmerksamkeit widmen, die den Gleitschirm einem herkömmlichen Abstieg vorziehen. Bodeninversionen bilden Nebelfelder im Talgrund, wodurch eine Landung schwierig oder unmöglich wird. Gefahren, wie Starkstrommasten, oder eine Landung in einem Gewässer drohen.
4. Eine Smoglage kann sich über viele Tage erstrecken. Gerade bei dieser Wettersituation sollte man ein Wochenende auf den Bergen verbringen, damit sich die Atemwege erholen können. Kinder haben unter Inversionslagen besonders zu leiden. Die zunehmende Zahl der Atemwegserkrankungen beweist dies.
5. Die Beendigung einer Inversion zeigt sich, wenn Wolkenaufzug (Schäfchen- oder Wogenwolken) von Südwesten her

einsetzt. Meist beginnt die Wetteränderung mit Wind, der die Luft reinigt, gefolgt von Regen.

Cumulus (Cu) 1. Niedrige und mittelgroße Haufenwolken bilden sich an schönen Sommertagen und lösen sich im Verlauf des weiteren Tages wieder auf. Die Wetterlage ist stabil, eine Änderung kurzfristig nicht in Sicht.

2. Lösen sich Cumuli nicht auf, sondern verdichten sie sich, steht eine Wetterverschlechterung kurz bevor. Dies gilt besonders dann, wenn ein herrliches Morgenrot dem Hochtourengeher das frühe Verlassen der warmen Schutzhütte erleichtert.

Cumulus congestus (Cu con) 1. Türmen sich Cumulus-Wolken schon gegen Mittag auf und überziehen sie den Himmel, können Gewitter unmittelbar bevorstehen.

2. Dies gilt besonders, wenn ambossartige Formen am oberen Wolkenbereich ausgebildet werden. Nicht nur auf Gletschern ist dann der Abbruch einer Tour unumgänglich geworden.

3. Der bevorstehende Einbruch von kühlen und feuchten Luftmassen ist zu erwarten, wenn hohe Turmwolken aus südwest- bis norwestlicher Richtung gezogen kommen. Je nach Jahreszeit frischen die Winde in Kürze böig auf, mit Regen- und Schneeschauern im »Gepäck«.

Cumulonimbus (Cb) 1. Ist bei Weiterquellen eines Cumulus congestus ein Cumulonimbus calvus entstanden, muss jeder Bergsportler die Weiterentwicklung der Wetterlage genau beobachten. Das Vorstadium eines Gewitters ist erreicht. Sofortige Umkehr und schnelles Aufsuchen tieferer Lagen sollte das nächste Ziel sein.

2. Setzt Vereisung an der Oberseite der Gewitterwolke ein, *Ausfransen in der ambossartigen Form*, ist der Beginn des Gewitters in Kürze zu erwarten.

3. Aus der Zugrichtung der Gewitterwolke lässt sich abschätzen, ob man sich im Entladungsbereich des Gewitters befindet.

4. Verfärbt sich der Himmel schwefelgelb, muss mit Hagelschlag gerechnet werden.

5. Blitztätigkeit kann bereits vor Einsetzen des Niederschlages beginnen.

> ❗🟢 Die Entfernung eines Gewitters lässt sich aus der Zeitdifferenz zwischen Blitz und Donnerbeginn in Sekunden berechnen. Die ermittelte Zahl mal 330 genommen, ergibt die ungefähre Entfernung in Metern. Beispiel: Zeitdifferenz = 6 Sek. ergibt 6 x 330 = 1980 Das Gewitter ist ca. zwei Kilometer entfernt.

Cumulonimbus und Ac castellanus/floccus (Cb + Ac cas/floc) Das Auftreten von Türmchen- oder Floccus-Wolken, oft schon am Vormittag, mit Einsetzen von starker Quellbewölkung um die Mittagszeit, kündet sicher ein Gewitter an.

Cumulonimbus und Mamma-Wolken Ist ein Gewitter durchgezogen, lassen sich manchmal große, graue, beutelartige Wolkensäcke ausmachen, die sehr auffällig sind. Es handelt sich um »verdrehte« Haufenwolken, deren Wölbung nach unten gerichtet ist. Sie bilden sich in einer seitlichen Lage zum Cumulonimbus an einer Inversionsschicht. Starke Luftströmungen kennzeichnen diesen Wolkentyp. Mamma-Wolken sind am Rande eines Gewitters zu beobachten und können Platzregen verursachen, wenn sie aufplatzen.

Wärmegewitter Wärmegewitter sind regionale Gewitter, die bei starker Wärme in Verbindung mit feuchter Luft, nach Überschreiten der Tageshöchsttemperatur, am Nachmittag oder gegen Abend niedergehen. Wärmegewitter bilden sich überwiegend in Gebirgsnähe aus und sorgen für Abkühlung an heißen Tagen.

Kaltfrontgewitter Kaltfrontgewitter führen starken Regen mit sich und leiten eine Schlechtwetterperiode ein. Treten Gewitter nachts und am Morgen auf, ist gerade im höheren Bergland mit einer nachhaltigen, regenintensiven Wetterverschlechterung zu rechnen.

Warmfrontgewitter Warmfrontgewitter kommen sehr selten vor. Das Aufgleiten einer Warmfront kann aber so abrupt sein, dass sich in der vorhandenen Schichtbewölkung vereinzelt Cumulonimben einlagern und sich in schwachen, kurz andauernden Gewittern entladen.

Bergwetterprognose durch optische Erscheinungen

Optische Erscheinungen am Himmel künden erste Anzeichen einer Wetteränderung an.

Halos   Halo-Erscheinungen sind ein sicheres Zeichen für Cirrostratus, der als erste Wolkenart die Zufuhr feuchter Luft in großen Höhen und somit eine Wetterverschlechterung anzeigt. *Ringe um Sonne oder Mond* sind der Nachweis, dass Feuchtigkeit bereits in kleinen Wassertröpfchen oder Eisnadeln in der Luft vorhanden ist. Die schon hier beginnende Verdichtung des Wasserdampfes ist der Anfang des nachfolgenden Niederschlages. Ein baldiges Absinken der Wolken setzt ein, der Regen folgt in den nächsten Stunden.

Morgenrot und Abendrot   Durch feinste schwebende Teilchen tritt eine Trübung der Luft ein, das Himmelblau verblasst. Je feuchter die Luft ist, desto dunstiger erscheint sie. Das Licht der tief stehenden Sonne legt einen langen Weg durch die dunstreichen Schichten der Erdatmosphäre zurück und verliert an Wirkung. Das kurzwellige blaue Licht wird aus den Sonnenstrahlen weggestreut. So erscheint die Sonnenumgebung gelb und rot. Je tiefer die Sonne steht, umso höhere und staubärmere Luftschichten werden von der Sonne bestrahlt.

Cirrostratus mit Sonnenring-ausbildung über dem Corvatsch/Bernina kündet die bevorstehende Wetterverschlechterung an.

Lokale Bergwetterprognose

 Morgenrot und Abendgrau zeigen Wetterverschlechterung an. Morgenrot tritt nur in Verbindung mit Wolken auf, die aus westlicher Richtung gezogen kommen und die eine Wetterveränderung mit sich bringen werden. Morgengrau und Abendrot künden schönes Wetter für den folgenden Tag an.

Regenbogen   Ein Regenbogen entsteht, wenn die tief stehende Sonne eine Regenwand bescheint. Er lässt sich zum Beispiel nach Durchzug eines Gewitters beobachten. Das weiße Licht der Sonne trifft auf Regentropfen, wird dabei gebrochen und in seine Spektralfarben aufgespalten. Weitere Schauer können folgen.

Regenbogen
nach Blitzschlag
in Buche

Bergwetterprognose durch Windbeobachtung

Örtliche Winde, wie Bergwind und Talwind, sowie Starkwinde, die Gewitter erzeugen, können am Berg rechtzeitig beobachtet werden. Die richtige Beurteilung der Windrichtung und Windgeschwindigkeit ist Voraussetzung, um die Wettersituation richtig einschätzen und Wettergefahren vermeiden zu können.

Physikalische Faustregeln:

1. Die Reibung von Luftmassen an der Geländeoberfläche nimmt mit zunehmender Höhe ab, die Windgeschwindigkeit nimmt zu.
2. Wälder und Gebirge verlangsamen die Windgeschwindigkeit.
3. Über Land nimmt die Windgeschwindigkeit ab.
4. Ein leises Rauschen in den Blättern der Bergwälder oder ein leichtes Streichen des Windes über Wiesenmatten weist nicht auf eine Wettergefahr hin.
5. Beginnen sich dagegen die Wipfel der Bäume anfangs leicht, später stärker zu neigen, ist eine genaue Beobachtung der Vorgänge am Himmel angezeigt. Die Windrichtung ist zu bestimmen, indem man ein Halstuch oder einen befeuchteten Finger in die Luft hält. Gleiches Augenmerk ist auf die Wolkenentwicklung zu legen. Nächstes Ziel sollte eine Schutzunterkunft sein. Eine schnell einsetzende Wetterverschlechterung bis hin zum Wettersturz droht. Dem zuerst in der Höhe einsetzenden Wind folgen die klassischen Höhenwolken Cirrus und Cirrostratus als Vorboten des bevorstehenden Wetterumschwungs. Je nach Lage, Wind und Luftfeuchtigkeit kommt es zum Überziehen des gesamten Himmels mit mittelhohen Altocumuli, Altostrati und der typischen Regenwolke, Nimbostratus.

Bergwetterprognose und Telekommunikation

Mit Hilfe von Satelliten, die aus dem Weltraum immer genauere Informationen zur Wettervorhersage liefern, sowie einem weltweiten Informationsnetzwerk wird dem Bergsportler eine langfristige Wetterprognose zugänglich gemacht. Fernsehen, Videotext und Radio bringen aktuelle Informationen (Stand 1.10.2002):

Das Bayerische Fernsehen bringt montags bis samstags von 6.30 bis 7.00 Uhr, sowie von 7.05 bis 8.00 Uhr und 8.05 bis 8.45 Uhr (sonntags bis 9.00 Uhr) ein Wetterpanorama mit aktuellen Bergaufnahmen aus der Schweiz, Österreich, Südtirol und Bayern.

BR3 Videotext hat mit seinen Tafeln einen sehr detaillierten Wetterbericht.

600 Gesamtübersicht
601 Erklärungen der Zeichen
602 Wetterlage
605 7-Tage-Vorhersage
607 Bayerische und Allgäuer Alpen
Alpenwetter, bestehend aus Wetterlage, Zwei-Tages-Prognose, Aussichten für weitere zwei Tage und Wettertendenz
608 Ostalpen
Alpenwetter, bestehend aus Wetterlage, Zwei-Tages-Prognose, Aussichten für weitere zwei Tage und Wettertendenz
609 Wetter Bergstationen
in Deutschland, Schweiz, Österreich und Italien
640 Schneebericht
646 Lawinenlagebericht

ARD und ZDF Morgenmagazin
Genaue Wetterinformation mit Satellitenbildern zu jeder Nachrichtensendung.

Radio Bayerischer Rundfunk, 1. Programm
In seiner seit Jahren für den Bergsportler äußerst informativen Sendung für Bergsteiger und Naturfreunde erfährt jeder Interessent jeden Samstag kurz vor 7 Uhr die aktuelle Wetterlage für den Alpenraum in detaillierter Form sowie den Lawinenlagebericht.

Radiosender »**Antenne Bayern**« strahlt einen detaillierten Wetterbericht für jedermann aus. Die Wetterinformationen werden in lockerer verständlicher Form mehrmals stündlich gesendet und haben umfangreiche Informationen, die für jeden Hörer interessant sind, wie tatsächliches Kälteempfinden bei Wind.

Kommunikation

Notruf
Notrufnummer in den Alpen 112

Alpenvereine

DAV	0049 / 89 29 49 40
OeAV	0043 / 512 58 78 28
AVS	0039 / 0471 41 38 09
OHM	0033 / 450 53 22 08

Wetterberichte alpin

DAV gesamter Alpenraum	0049 / 89 29 50 70
Österreich Beratung	0043 / 512 29 16 00
Internet	www.wetteronline.de
	www.wetter.com
	www.alpenwetter.com
	www.meteomedia.ch
	www.alpenverein.de/wetter
	www.oeav.at/wetter
	www.bergwetter.de
	www.meteoalpin.com

Lawinenlagebericht

Bayern	Internet	www.lawinendienst.bayern.de
	Bandabfrage	0049 / 89 9214-1210
	Faxabfrage	0049 / 89 9214-1130
Österreich	Kärnten	0043 / 463 536 15 88
	Oberösterreich	0043 / 732 15 88
	Salzburg	0043 / 662 15 88
	Steiermark	0043 / 316 15 88
	Tirol	0043 / 512 15 88
	Vorarlberg	0043 / 5522 15 88
Italien	Südtirol	0039 / 0471 27 11 77
Schweiz	INFO	0041 / 848 800 187
Frankreich	INFO	0033 / 836 68 1020

Anmerkung: Diese Liste dient einer allgemeinen Information und erhebt keinerlei Anspruch auf Vollständigkeit.

Bergwetter-gefahren

Die Meteorologie unterscheidet unmittelbare und mittelbare Bergwettergefahren. Unmittelbare Bergwettergefahren sind abhängig von der jeweiligen Wetterlage, d. h. sie entstehen aus dem direkten Wettergeschehen. Mittelbare Bergwettergefahren resultieren aus längerfristigen Naturabläufen in den Bergen.

Unmittelbare Bergwettergefahren

Sonneneinstrahlung und Wärme   Extreme Sonneneinstrahlung birgt Gefahren, wie Hitzschlag und Sonnenstich, und kann zur Wärmebelastung werden. Sie kann entstehen, wenn sommerliche Hochdrucklagen nach hohen Lufttemperaturen beendet werden. Zunehmende Luftfeuchtigkeit und Windstille lassen das Wärmegefühl hochschnellen. Die Sonneneinstrahlung ist in einer senkrechten Wand viel stärker als auf einer Bergwiese, besonders, wenn diese in östlich bis südlicher Richtung gerichtet ist. In nach Ost bis Süd gerichteten Wänden ist die Sonneneinstrahlung bereits am Vormittag sehr stark. Die Lufttemperatur steigt um die Mittagszeit am höchsten. Die Luft steht förmlich in der Wand, besonders in Rinnen und Kaminen.

Verhalten bei zu erwartender Sonneneinstrahlung

- Richtige Zeitkalkulation bei Routen- und Aufstiegswahl.
- Steinschlaghelm, »Luis-Trenker«-Hut oder jede andere Kopfbedeckung ist absolute Pflicht, nicht nur in einer Felswand.
- Leichte, luftige Kleidung, ohne dabei die Reserve für den Ernstfall zu vergessen.
- Unterwäsche, die die Feuchtigkeit von der Haut aufnimmt und durch mehrere Schichten abtransportiert.
- Sonnen- oder Gletscherbrille rechtzeitig als Schutz gegen die UV-Strahlung aufsetzen. Zuvor Hautteile, die der Sonneneinstrahlung direkt ausgesetzt sind, mit qualitativ hochwertiger Sonnenschutzcreme, die einen sehr hohen Lichtschutzfaktor haben muss, einreiben.

Wettergefahr! Der weiße Cumulonimbus im Hintergrund lässt nichts Gutes ahnen. Drohend zieht ein Gewitter das Höllental zur Zugspitze empor. Wenige Minuten später befindet sich der Bergsteiger in größter Gefahr.

Niederschlag und Kälte Bei Regen, Schnee und Kälte kann der Bergsportler einem starken Wärmeverlust ausgesetzt sein. Dies tritt ein, wenn:

1. die Lufttemperaturen niedrig sind.
2. die Schutzkleidung unzureichend ist.
3. starker Wind bläst.
4. kein Sonnenschein vorhanden ist.

1. Schnelle Wärmeableitung und -abstrahlung des Körpers Sind die Lufttemperaturen niedrig, findet zwischen dem Körper des Bergsportlers und der ihn umgebenden Außenluft eine schnellere Ableitung der Körperwärme nach außen, also vom Körper weg, statt. Dies lässt sich selbst feststellen, wenn man zum Beispiel einen Eispickel oder einen Eishammer oben anfasst und versucht, ihn längere Zeit in der bloßen Hand zu halten. Die Hand wird schnell kalt. Gleiches ist zu beobachten, wenn man mit ungeschützten Händen im nassen Fels klettert.

2. Fehlende Kompensationswärme durch nicht vorhandene Sonneneinstrahlung Der Wärmeverlust kann nicht kompensiert werden. Bei einem Schlechtwettereinbruch bedeckt die Bewölkung den gesamten Himmel und die Sonne kann diesen Verlust nicht mit ihren wärmenden Strahlen reduzieren. Die Zuführung alkoholischer Getränke kompensiert den Wärmeverlust auf Dauer nicht! Heißer Tee oder eine warme Suppe sind die bessere Wahl.

3. Hohe Verdunstungskälte durch nasse Kleidung und verschwitzten Körper Nasse Kleidung und ein verschwitzter, nasser Körper fördert eine hohe Verdunstungskälte. Verdunstungskälte entsteht, weil die Verdunstung auf der Haut mit Abkühlung einhergeht. Die Abkühlung ist das Ergebnis des physikalischen Überganges von Wasser in gasförmigen Wasserdampf. Bei diesem Übergang wird Wärme verbraucht, die dem Körper entzogen wird. Dieser Vorgang wird beschleunigt, wenn starker Wind hinzukommt. Das Phänomen ist jedem bekannt, wenn er mit dem Mountainbike bei bedecktem Himmel und Wind unterwegs ist und eine Pause einlegt. Man schwitzt und eine kurze Pause reicht schon aus, um sich zu verkühlen, wenn man sich nicht abtrocknet und die Kleidung wechselt.

4. Individuelle Faktoren Zu den individuellen Faktoren sind in erster Linie die körperliche Konstitution und die Kreislaufsituation des Einzelnen zu zählen. Bergsportler sollten eigentlich konditionell immer auf der Höhe sein, wenn sie ihrem Sport nachgehen. Dennoch gibt es auch bei trainierten Personen anfällige Gesundheitskomponenten, wie z. B. einen Grippevirus oder Stressanfälligkeit. Zudem sind Erwachsene weniger schnell von Wärmeverlust betroffen als Kinder. Um diesen Risikofaktoren vorzubeugen, ist neben den genannten Wetterkenntnissen das Mitnehmen entsprechender Schutzkleidung von entscheidender Bedeutung.

Gewitter   Zu den größten alpinen Wettergefahren zählen die Gewitter. Neben den zusätzlichen Gefahren, wie Hagel, Schnee, Sturm oder Kälte, ist die Blitzgefahr und ein möglicher Blitzschlag für den Bergsportler lebensgefährlich. Das Auftreten von Gewittern im Alpenraum ist von verschiedenen Faktoren abhängig:

Jahreszeit und alpine Region   Gewitter treten in den Bergen gehäuft ab Ende April auf und haben einen Häufigkeitshöhepunkt zwischen Mai und August, in den Südalpen bis in den späten September hinein.

Wettersituation   Je nach Drucksystem treten sie als Kaltfrontgewitter, Warmfrontgewitter und Wärmegewitter auf.

Selbsthilfe bei Gewitter   Trotz sorgfältiger Beobachtung der Wolkenbildung und Windentwicklung während eines Aufstieges ist es nicht ausgeschlossen, dass ein heranziehendes Gewitter den Bergsportler im freien Gelände erfasst. Dies gilt besonders im hochalpinen Bereich, wo Wege und Steige längere Gehzeiten bis zu einer Schutzhütte erfordern. Hinzu

---

Wird man in den Bergen von einem Gewitter überrascht, ist Folgendes zu beachten:

1. Verhalten bei Bergwanderungen

Nicht an Waldrändern aufhalten oder unter frei stehende Bäume jeder Art stellen. Entweder geht man mitten in den Wald hinein oder kauert sich auf freien Bergwiesen in Mulden geduckt nieder. Der Spruch »Eichen sollst du weichen, Buchen sollst du suchen« kann einen tödlichen Ausgang haben. Gruppenbildung vermeiden. Hat man kleine Kinder dabei, kauert man sich im Schneidersitz nieder und setzt das Kind vor sich in den Schneidersitz hinein. Dadurch erhält das Kind zusätzlich Körperwärme und kühlt nicht so schnell aus, zudem ist die Körpernähe zugleich ein psychologischer Schutz.

Aus den gleichen Gründen sollte man auch ältere Kinder zu sich nehmen. Findet man in einem Zelt Unterschlupf, Hockstellung einnehmen und die Zeltwände nicht berühren. Frei stehende Zelte sind immer blitzeinschlaggefährdet. Gleiches gilt auch für Schutzhütten ohne ausreichende Blitzschutzanlage. Einzeln stehende Felsbrocken bieten keinen Schutz, einige Meter davon entfernt ist das Risiko nahezu gemieden.

2. Verhalten bei Touren im hochalpinen Bereich

Gipfelgrate und Geländeerhebungen unbedingt meiden. Metallische Ausrüstungsgegenstände, wie Eispickel und Steigeisen, sollen, sofern sie nicht zur eigenen Standortsicherung dienen, in mindestens 40 Meter Abstand deponiert werden. Dabei ist darauf zu achten, dass man nicht unterhalb der Deponierung seinen Sitz aufsucht. Als fast ideal hat sich eine seitliche, unterhalb des eigenen Sitzes gelegene Lagerung gezeigt. In Schnee und Eis herrscht ein besserer Spannungsausgleich zwischen Gewitterwolke und Bergoberfläche. Daraus resultiert ein geringeres Gefahrenpotenzial als im Fels. Sonst gilt Gleiches, wie oben stehend bei Bergwanderungen angeführt. In eine Schneemulde kauern, warm angezogen sein, Ruhe bewahren, auch wenn es psychisch kribbelt.

Apropos Kribbeln

Manchmal kann man vor Gewittern schwache Lichtbüschel an Metallgegenständen, Elmsfeuer – lautlose elektrische Entladung – genannt, erkennen, die von feinem Knistern begleitet sind. Der Beobachter befindet sich dann auf einem potenziellen Einschlagsort für Blitze. Dieser Standort ist unter diesen Voraussetzungen sofort zu verlassen. Es ist unbedingt darauf zu achten, dass man nicht in der direkten Falllinie zu diesem Ort absteigt und auch keine Wasserrinne benutzt.

3. Verhalten im Fels

Senkrechte Wände, Kamine, Fels- und Wasserrinnen sind unbedingt sofort zu verlassen, wenn Gewittergefahr droht. Auf einer möglichst trockenen Stelle, in einem Meter Abstand zur Felswand, niederkauern. Befindet man sich in einer Felswand, ist eine mehrfache Selbstsicherung notwendig, da durch Blitzschlag ein Seil abgetrennt werden kann und man dadurch den Halt verlieren könnte. Seile müssen sich im rechten Winkel, also horizontal, zur Felswand befinden, da sie sonst als Blitzableiter fungieren können. Nicht unter Felsvorsprüngen Schutz suchen. Der Erdstrom nimmt nach einem Blitzschlag den kürzesten Weg in die Tiefe. Die Gefahr, als »Brücke« benutzt zu werden, ist immer vorhanden.

4. Allgemeine Hilfestellungen

Ruhe und Übersicht bewahren, auch wenn innerliche Panikstimmung aufkommt. Bei unsicherer Wetterlage sollten mögliche Schutzzonen schon beim Aufstieg ausgemacht werden. Technischmedizinische Geräte, wie Hörhilfen, sollten im Rucksack verstaut werden. Besonders beim Felsklettern können diese nützlichen Hilfen zur tödlichen Gefahr werden.

kommt, dass der Hochalpinist Ausrüstungsgegenstände mit sich führt, wie Eispickel, Steigeisen, elektronische Geräte, die eine zusätzliche Gefahr bei Gewitterentladung bedeuten können.

Info! *Jede bergsportliche Unternehmung sollte unter dem Grundsatz stehen, dass es im Gebirge keinen absolut blitzsicheren Ort gibt!*

Starkwinde   Bislang brachte der Wind meteorologische Veränderungen, die das Umfeld der Berge beeinflussten. Zusätzlich bedeutet starker Wind auch eine Wettergefahr für den Bergsportler selbst. Er beeinträchtigt die Standfestigkeit, das Gehen und auch das Klettern. Der Druck, der auf den

Körper einwirkt, ist enorm und kann zu einem Absturz führen. Erinnert man sich an die zahlreichen Stürme, die in den letzten Jahren zu großen Schäden führten, so kann man beobachten, dass die Stürme nicht immer gleichmäßig blasen, sondern dass ein Sturm von kräftigen Böen durchsetzt ist. Am Berg, besonders im steilen Fels, ist dann ein sicheres Vorwärtskommen eingeschränkt oder nicht mehr möglich. Starkwinde sind an verschiedene Faktoren gebunden:

- Sie treten überwiegend bei Schlechtwettereinbrüchen und Föhnlagen auf.
- Sie treten über das Jahr gesehen zu unterschiedlichen Zeitpunkten auf. So werden sie gehäuft ab November bis in das Frühjahr beobachtet.
- Sie treten bei noch guten Wetterbedingungen am Anfang von kalten Hochdrucklagen auf.
- Größte Windstärken werden im hochalpinen Bereich gemessen. Sie haben ihren

Jet-Stream in großer Höhe

Ursprung aus Starkwinden in ca. 10 000 Meter Höhe, den Strahlströmen (Jetstreams). Strahlströme macht sich die Luftfahrt zunutze. Bei Atlantikflügen in West-Ost-Richtung lässt sich umweltschädliches Kerosin sowie Flugzeit einsparen, wenn man in den Jet-Strömen fliegt.

Verhaltensmaßnahmen bei Starkwinden:
Befindet man sich in den Bergen, so gelten die Beobachtungskriterien zum Bergwetter, ergänzt um die Prozesse, die auf einsetzenden Starkwind hindeuten.
Sogwolke
Eine so genannte Sogwolke entsteht an der windabgewandten Seite eines Berggipfels als isolierter Cumulus ohne weitere Wolkenentwicklung.
Schneefahnen
Schneefahnen lassen sich schon beim Aufstieg erkennen. Sie werden an Gra-

ten, Scharten und Passhöhen durch den einsetzenden Wind hochgewirbelt.
Ausgesetzte Lagen
Starkwinde sind an besonders ausgesetzten Lagen am Berg aufzufinden. Eine Einschätzung der Windgeschwindigkeit ist schwer zu ermitteln. Die Literatur gibt als Hilfsmittel an, die Zugrichtung der Wolken in Gipfelhöhe zu beobachten sowie eine entstehende Wolken-Wirbelbildung an windausgesetzten Bergpartien. Eine ausweichende Routenwahl, zum Beispiel an windabgewandter Seite, mindert das Risiko.

Bergnebel   Nebel am Berg ist das Schreckensgespenst eines jeden Bergsportlers, da er die Orientierung wesentlich beeinträchtigt oder gar verhindert. Nebel im Gletscherbereich oder auf Schneefeldern ist gefährlich, da er diffuses Licht erzeugt und eine sichere Routenwahl unmöglich macht. Schnee und Nebel bilden eine farbgleiche Wand, die undurchdringlich scheint. Neben der Gefahr des Verlaufens kommt auf einem Gletscher Spaltengefahr hinzu, da die Sichtweite unter zehn Meter sinken kann. Bergnebel (Cumulus-Nebel) wird in vier Stufen eingeteilt:

1. Cumulus-Nebel bei Schönwetterlage   Bergnebel kann als einzelner Cumulus-Nebel vorhanden sein. Der Bergsportler befindet sich in einer Schönwetterwolke. Die Situation wird durch baldiges Einsetzen des Sonnenlichtes schnell vorüber sein.

2. Cumulus-Nebel bei Schauerlage   Ein Gewitter oder Regenschauer ist durchgezogen, die Wolken des Niederschlagsgebietes liegen auf dem Berggelände auf. Diese Nebelsituation tritt überwiegend in Hochlagen auf und löst sich im weiteren Verlauf auf.

3. Cumulus-Nebel bei Frontendurchzug   Treten Wetterfronten auf, so ist der Nebel lang anhaltend und reicht bis in Tallagen.

4. Cumulus-Nebel bei Staulagen   Bei Staulagen ist die Nebelbildung sehr dicht und reicht über Tage hinweg.

Wettergefahr! Nebelbildung am Gletscher in 3600 Metern Höhe in wunderbarer Farbausprägung, die eine Wettergefahr zunächst nicht vermuten lässt

Verhalten bei Bergnebel

Einmessung der Höhenlage mit Hilfe des mitgeführten Höhenmessers, Bestimmung des Luftdruckes, Lagebestimmung und Wegrichtung durch den Kompass. Immer wieder Beobachtung des Geländeumfeldes. Die Kenntnis der Routenumgebung, wie Gipfelformen, Wasserfälle, Schneefelder, Kamine, hilft in Verbindung mit dem Kompass, auch bei kurzem Nebelaufreißen, um den Standpunkt kurzfristig neu bestimmen zu können. Direkte Beobachtung der aktuellen Wettersituation. Bergnebel tritt vorwiegend nach Kulminationsüberschreitung der Sonne auf. Da ein Vormittag von Bergnebel weniger bedroht ist, sollten Hochgebirgstouren, auch wegen der zu erwartenden Lufterwärmung und der damit verbundenen Schneeaufweichung, vor Sonnenaufgang bei Touren oberhalb 4000 Meter Höhe, oder um Sonnenaufgang bei Touren zwischen 3000 bis 4000 Meter Höhe, begonnen werden. Gerät man der noch in einen Bergnebel, gilt zuerst wieder die Verhaltensmaßnahme, erst Ruhe bewahren und das Umfeld erkunden.

Mittelbare Wettergefahren

Mittelbare Wettergefahren bilden sich meist erst, wenn die Wetterverschlechterung eingetreten, ein Gewitter niedergegangen ist. Die mittelbaren Wettergefahren bewirken wetterabhängige Veränderungen im alpinen Gelände.

Muren und Steinschlag

Muren Wer erinnert sich nicht an die furchtbare Muren-Katastrophe, die im italienischen Veltlintal eine ganze Region veränderte. Eine unfassbar große Mure verschüttete das Tal und staute den Fluss Adda auf. Die norditalienische Stadt Bormio war von der Umwelt abgeschnitten und konnte nur über das Stilfser Joch erreicht werden. Muren können aber auch von kleinem Ausmaß sein und »nur« einen Aufstiegsweg versperren oder wegreißen, wie im August 2002 am Enger Grund, oberhalb des Großen Ahornbodens im Karwendel. *Muren entstehen durch Bodenerosion, die zusammenhängende Geländeeinheiten, wie die Pflanzendecke, zerstört. Durch starken Regen werden aufgerissene Geländeeinheiten unterspült und in Schlammbächen talwärts verfrachtet. Neben Schlamm werden auch Felsbrocken transportiert. Muren nutzen an Berghängen bestimmte Zugstraßen, die durch*

Info!

natürliche Gegebenheiten, wie Rinnen, vorgegeben sind. Der Bergsportler sollte diese Gebiete meiden.

Steinschlag   Steinschlag entsteht durch wetterbedingte Erosion. Maßgebend ist Wärme, die Schneeschmelze verursacht, und Frostwechsel in Verbindung mit Lufttemperaturänderungen. Felsstücke und Steine werden freigelegt bzw. freigesprengt, wenn Regen, Starkwinde und Lufttemperaturanstieg oder -abfall auf den Fels einwirken. Steinschlaggefahr herrscht das ganze Jahr hindurch, sodass jahreszeitliche Gegebenheiten nicht relevant sind, da der Bergsportler diese Gefahr immer einzukalkulieren hat. Die Intensität einer Steinschlaggefahr ist abhängig von Tageszeit, Sonnenstand, Wetterlage und Windstärke. Die überlegte Routenwahl muss im Vordergrund stehen.

Nasser Untergrund   »Todessturz auf nasser Bergwiese« hieß vor vielen Jahren die Schlagzeile, als ein Kind im Gipfelanstieg zur Mutspitze bei Meran/Südtirol ausgeglitten war und tödlich abstürzte. Denkt man über diese Schlagzeile nach, wird einem erst bewusst, wie häufig man schon selbst nach Gleichgewicht gerungen hat, wenn man ins Rutschen gekommen war. Die Tücke eines nassen Untergrundes lässt sich wie folgt einschätzen:

- *Nasse Baumwurzeln, Moose, Flechten, Gestein, das mit einer dünnen Erdschicht überzogen ist, und Bergwiesen bieten nach einem Regenguss so gut wie keinen Halt.*
- *Scheinbar trockener Untergrund kann bei Betreten wegrutschen, wenn der Untergrund feucht ist.*
- *Rauer und unbewachsener Fels ist auch bei Regen trittsicher.*
- *Obwohl ein Regengebiet bereits abgezogen ist, kann bei kühlen, wolkigen und windarmen Wetterlagen die Rutschgefahr anhalten.*
- *In windgeschützten Lagen hält sich ein nasser Untergrund besonders lang, selbst wenn das übrige Gelände bereits von der Sonne wieder beschienen wird und abzutrocknen beginnt.*
- *In Nordlagen und hier besonders an Steilhängen ist immer mit Rutschgefahr zu rechnen, da der Untergrund nicht trocken wird.*

Der Rutschgefahr entgegenwirken lässt sich nur durch das Tragen von festen, torsionsfreien Bergstiefeln. Zudem ist eine hohe Konzentration beim Gehen notwendig, um im Bedarfsfall reaktionsbereit sein zu können. Besonders Kindern muss man eine entsprechende, konzentrierte Gehweise anerziehen, auch wenn es unseren Youngstern durch ihren Bewegungsdrang schwer fällt. Das Anseilen von Kindern sollte überall am Berg Pflicht sein.

Schnee und Geländevereisung Schnee und Geländevereisung bildet sich überwiegend bei Kaltlufteinbruch und Wettersturz. Zwei Zonen sind von Bedeutung.

1. Zur ersten Zone sind die Regionen des Hochgebirges zu rechnen, in denen normalerweise Bergsteiger anzutreffen sind, deren Ausrüstung den geforderten Bedingungen entspricht. Im Hochgebirge, wie den Gletscherregionen, findet der Bergsportler das ganze Jahr hindurch Schnee und Geländevereisung vor. Tritt ein Wetterumschwung ein, ist die mitgeführte Ausrüstung, wie Steigeisen, Eispickel, Seilsicherung und warme Bekleidung, meist ausreichend, um der möglichen Gefahr richtig begegnen zu können.

2. Zur zweiten Zone sind die mittleren bis unteren Lagen zu rechnen, in denen der Bergsport zum größten Teil stattfindet. Treten in dieser Zone Wetterstürze auf, bedrohen plötzlich auftretender Schneefall und Vereisung den Bergsportler.

Keine Jahreszeit ist von Kaltlufteinbrüchen verschont, auch die Sommermonate nicht. Schneefall bringt in den Gipfelbereichen Neuschnee über 100 Zentimeter und die Null-Grad-Grenze fällt auf unter 2000 Meter. Folge ist ein Vereisen der Felsen in Verbindung mit Schnee, der den eisüberzogenen Fels bedeckt und die Gefahr des Ausgleitens unsichtbar werden lässt. Ein Fortkommen wird sehr schwierig und eine Absturzgefahr extrem erhöht. Wetterstürze bringen in den Bergen meist anhaltende Schneefälle. In kurzer Zeit verschwinden Wege, Markierungen und die übrige Geländestruktur unter der weißen Pracht. Orientierung und Trittsicherheit werden negativ beeinflusst. Die Felsen vereisen, aufliegender Schnee rutscht in kleineren oder größeren Lawinen ab.

Nächtliches Aufklaren In den Bergen besteht weiter eine Vereisungsgefahr, wenn in der Nacht nach einem Regen die Wolkendecke aufreißt und es aufklart. Auch bei Lufttemperaturen knapp über 0 Grad Celsius kann Fels durch Strahlungsabkühlung schon auf unter 0 Grad Celsius abkühlen. Das tagsüber entstandene Schmelzwasser gefriert während der Nachtstunden, der Fels ist vereist.

Nebel, Wind und Frost Manchmal kann man Raureif auf Fels beobachten, der ebenfalls zur Rutschgefahr werden kann. Dieser entsteht bei Frost, wenn Wassertröpfchen aus Nebel auf den Fels treffen und Wind hinzukommt.

Wichtig!

Als Verhaltensmaßnahme ist bei Schnee und Geländevereisung Prävention, also eine vorausschauende Beurteilung und Einschätzung der Wettersituation, besonders der Großwetterlage, angezeigt. Nur ein rechtzeitiger und schneller Abstieg kann vor einem möglichen Tod durch Erfrieren oder Stresssituation bewahren.

Kann man den Weg aus den genannten Gründen dennoch nicht fortsetzen, helfen nachstehende Grundregeln, um eine Nacht in Schnee und Eis oder auch im Fels zu überstehen.

Notbiwak 1. Zuerst eine windgeschützte Lage aufsuchen und in Ruhe überlegen, wo ein Notbiwak eingerichtet werden kann.

Im Schnee: Befindet man sich im Schneebereich, ist es das Beste, eine Schneehöhle oder zumindest ein Schneeloch zu graben. Die Inuit machen es uns mit ihren Iglus vor. Schnee hat eine ähnliche Isolationswirkung wie Holz.

Im Fels: Im Fels sollte möglichst ein windstiller, steinschlag- und absturzsicherer sowie absicherbarer Bereich gefunden werden.

2. Nasse Kleidung sofort wechseln, einen möglichst trockenen Sitzplatz schaffen (Sitzkissen, Seil, Rettungsdecke!).

3. Sich in einer Gruppe eng zusammensetzen und so einen Wärmekegel bilden. Kinder in die Mitte nehmen.

4. Die Gruppe muss sich beschäftigen, eine eigene Dynamik entwickeln, wobei jeder Einzelne mit einzubeziehen ist. Jeder erzählt einen Witz, Denkspiele, Singen etc. Trotz Stresssituation ist Fantasie gefragt.

5. Es muss unbedingt darauf geachtet werden, dass keiner einschläft, sonst droht *Erfrierungsgefahr*.

6. Regelmäßige Bewegungen der Gliedmaßen.

7. In regelmäßigen Abständen Notrufsignale aussenden. Als praktisch erweist sich das Gerät **Nicosignal**, das in Seglerkreisen sehr bekannt ist. Nicosignal ist ein waffenscheinfreier Signalgeber, der einfach zu handhaben und korrosionsfest ist. Das Sechs-Schuss-Magazin kann rot, weiß oder grün bestückt werden. Die Steighöhe beträgt ca. 80 Meter, bei sechs Sekunden Leuchtdauer und 10 000 Candela Lichtstärke. *Die Erfahrung zeigt, dass diese schwierige Situation ohne Probleme überstanden werden kann, wenn die Gruppe funktioniert.*

Info!

Lawinen   Lawinen stehen als letzte der mittelbaren Gefahren, da sie den Bergsportler besonders durch Witterungseinflüsse, in der Folge von Wetterabläufen, betreffen können und oftmals eine traurige Bilanz an Opfern aufweisen. Der »Weiße Tod« steht als Synonym dafür. Lawinen-Experten vertreten die Auffassung, dass die Mehrheit der Opfer noch leben würde, wenn nicht elementarste Regeln verletzt worden wären.

Einflüsse des Wetters auf Lawinentätigkeit   Die alpine Beurteilung einer möglichen Lawinengefahr besteht aus der Beobachtung des Geländeaufbaus, der Schneedecke und der Wettersituation. Die Wetterlage liefert wichtige Faktoren zur Lawinensituation:

Bewölkung   Wolken üben einen Isolationseffekt auf eine vorhandene Schneedecke aus. Sie verhindert am Tag eine starke Sonneneinstrahlung und in der Nacht extreme Kälte. In klaren und kalten Nächten bildet sich durch ausstrahlenden Wasserdampf eine Raureifschicht auf einer vorhandenen Schneedecke. Die entstandene Raureifschicht verstärkt sich bei anhaltender Kälte, besonders an Schattenhängen. Schneit es dann auf diese Raureifschicht, entsteht eine gefährliche Gleitfläche. Die Unterschicht ist verfestigt, die Raureifschicht ist locker. Die Neuschneemassen können abrutschen, eine Lawine entsteht.

Lufttemperatur Föhn und warme Luftmassen bringen eine generelle Lawinengefahr, die aber wegen des schnellen Abrutschens nur von kurzer Dauer ist. Eine gegen Nachmittag einsetzende Abkühlung bringt noch keine nachhaltige Lawinenentspannung. Diese tritt erst ein, wenn richtige Kälte die aufgeweichten Schneemassen setzen lässt.

Wind Der Hochtourengeher kennt die bizarren Formen, die der Wind an Gipfelgraten oder Schneewechten formt. Zugleich stellen diese Formen erhebliche Gefahren dar, so auch für einen Lawinenabgang. Der Wind verdichtet die Schneekristalle und es kommt im Schneeaufbau zu Spannungsverhältnissen, die im geneigten Gelände besonders stark sind. Ein Skifahrer kann, wenn er in diesen Bereich hineinfährt, eine Lawine auslösen. Wind überfrachtet Grate mit Schneemassen, die sich direkt unterhalb, auf der Wind abgewandten Seite, ablagern und von großer Menge sein können. Dieser Bereich ist für den Tourengeher immer gefährlich, auch ohne Wechtenbildung. Wind kann bereits bei einer Stärke 3 Schnee verfrachten. Das Gelände wird mit verfrachtetem Schnee (Trieb- oder Pressschnee) nahezu einheitlich überzogen, auch Senken und Mulden. Die Gefahrenpunkte für eine Lawine sind dann nur schwer auszumachen.

Niederschlag Niederschlag, in Regen- oder Schneeform, erhöht das Gefahrenrisiko bei Lawinen stark. Für die Beobachtung ist die jeweilige Schneehöhe entscheidend, wobei Windverfrachtungen nicht mit einzurechnen sind.

Es gilt für Schneehöhen bis:	
→ 30 cm	beginnende Lawinengefahr im Tourenbereich
→ 50 cm	mäßige bis hohe Lawinengefahr im Tourenbereich
→ 70 cm	große bis sehr große Lawinengefahr im Tourenbereich, Gefährdung bis in Tallagen
→ 120 cm	akute Lawinengefahr
120 cm →	Katastrophenlage! Mit einem Lawinenabgang muss jederzeit gerechnet werden.

Verhalten bei einem Lawinenabgang Jeder, der sich bei einem Lawinen-Lehrgang auch nur oberflächlich hat eingraben lassen, kann annähernd beurteilen, in welche Lage ein

Erste Maßnahmen der Kameradenhilfe

1. Festlegen, welchen Verlauf die Lawine genommen hat.
2. Wo ist/sind der/die Kamerad/en erfasst worden, wo in der Lawine verschwunden.
3. Wo könnte der/die Verschüttete/n zu liegen gekommen sein.
4. Überprüfen, ob Ausrüstungsgegenstände im Lawinenfeld zu erkennen sind (Grobsuche).
5. Verschütteten-Suchgerät einsetzen (im Schneebereich immer mitführen).
6. Bergwacht mit präzisen Angaben verständigen.
   Was ist passiert?
   Wann ist der Notfall eingetreten?
   Wo, durch detaillierte Ortsangabe oder -beschreibung?
   Wer ist verunglückt?
   Wie viele Personen sind verschüttet worden?
7. Warnposten für Nachlawinen aufstellen.
8. Grobsondierung mit Ski- oder Wanderstöcken.
9. Sauberhaltung des Lawinenfeldes für den Einsatz von Suchhunden, die immer noch die sichersten Erfolge bei der Lawinensuche nachweisen.
10. Aufzeichnen aller möglichen Informationen, wie Aufstiegsroute.

wirkliches Lawinenopfer kommen kann. Ist man in eine Lawine geraten, verhindern die übermenschlichen Kräfte, die in einer Lawine auftreten, eine Selbstrettung leider gänzlich. Solange man das Bewusstsein noch hat und die Lawine in Bewegung ist, sollte man versuchen, Gegenstände wie Ski loszuwerden und eine Hockstellung mit nach vorne überkreuzten Armen zur Schaffung eines Luftraumes zum Atmen einzunehmen.

Ist ein Notfall eingetreten, so ist schnelle Hilfe notwendig. Das Handy ist in den letzten Jahren zum schnellen Hilfsmittel geworden, um die Bergwacht verständigen zu können. Mittlerweile ist die Versorgung mit Netzen der einzelnen Mobilfunkanbieter in den Alpenländern ziemlich ausgebaut. Dennoch gibt es noch netzfreie Bereiche, die auch von der jeweiligen Höhe, in der man sich befindet, abhängig sein können. Die Anforderung einer Rettungsmannschaft ist oberstes Gebot, da letztendlich nur dadurch eine geordnete organisierte Rettung eingeleitet werden kann. Weiter spielt der Zeitfaktor eine große Rolle. Ein Rettungserfolg hängt in erster Linie von der Kameradenhilfe ab. Je mehr Leute sofort an einer Unfallstelle vorhanden sind, desto größer kann der Erfolg sein.

Bergung durch Helikoptereinsatz

Die Bergwacht setzt bei Verschütteten-Bergungen nach Möglichkeit einen Helikopter ein. Je nach Land sind die »Helis« entsprechend in die Bergrettung eingebunden. Um eine zügige Rettung einzuleiten, ist es weiter notwendig, bei der Meldung die Wettersituation im Unfallgebiet nachstehend exakt zu definieren:

1. Allgemeine Wetterlage (Wolkenaufzug aus Windrichtung)
2. Bedeckungsgrad (In geschätzten x/8-Teilen angeben)
3. Wolkenarten, Wolkenbasis in Metern nach Höhenmesser
4. Windrichtung und -stärke
5. Schneefall, Schneeaufbau und Schneearten

Wichtig für die Entscheidung, ob ein Helikopter landen kann oder ob eine Bergung über Winsch (s. u.) angezeigt ist, ist die Beurteilung eines möglichen Landeplatzes.

Wichtig!

Jeder Bergsportler muss zumindest Basiswissen haben.
1. Bergung durch Helikopter-Landung

Ein Helikopter landet gegen die Windrichtung. Ist ein ausreichender Platz gefunden, zeigt der am Boden stehende Helfer dem Piloten die Windrichtung dadurch an, dass er gegen den Wind mit dem Rücken steht. Er schaut zum Piloten hin, die Arme sind seitwärts nach oben gerichtet und bilden mit dem Körper zusammen ein **Y**, das in der Fliegersprache »YES« bedeutet und die Freigabe zur Landung ist. Lässt man den rechten Arm sinken, entsteht ein **N** für »NO«, dies bedeutet für den Piloten, sofort die Landung abzubrechen und abzudrehen. Dem Hubschrauber darf man sich dann erst nach Zeichen des Piloten von vorne oder von unten her nähern. Der Landeplatz sollte mindestens 20 x 20 Meter groß sein, eben oder eine Kuppe haben. Bei Landung auf Schnee muss der Landeplatz vor einer Landung festgetreten werden. Im Abstand von 120 Metern, ab Zentrum Landeplatz, dürfen keine Bäume, Seilbahnmasten etc. mit mehr als 15 Metern Höhe stehen.

Bei Landeanflug und Landung erzeugt ein Helikopter einen Rotorwind, der jede Art von Gegenständen durch die Luft wirbeln kann und somit den Hubschrauber in Gefahr bringt.

2. Bergung durch Helikopter-Winsch aus der Luft

Die Winsch-Bergung gehört zu den gefährlichsten Momenten einer Hubschrauber-Bergung. Eine Winsch-Bergung wird notwendig, wenn der Hubschrauber vor Ort keine Landemöglichkeit hat. Die Bergung findet mittels einer Seilwinde statt, an der der Verletzte abgeborgen werden kann. Eine Verletzten-Bergung ist bis zu einer Grad- oder Flankenneigung von ca. 60 Grad möglich. Schwierigkeiten entstehen nach den physikalischen Gegebenheiten vor allem durch die örtlichen Wetterverhältnisse im Rettungsgebiet. Wind und Thermik spielen hier eine entscheidende Rolle, da sie, oftmals ohne Anzeichen, Veränderungen bringen, die Helikopter und Helfer nicht selten in Gefahr bringen. Dies gilt besonders in Felswänden. Die Technik der Langseile ermöglicht den Extremeinsatz in steilen Felswänden. Hier können plötzlich auftretende Thermikveränderungen den Piloten größte Probleme bereiten. Eine Absturzgefahr des Helikopters und damit der Retter besteht immer.

Beobachtung der Natur

Ein Wetterwechsel kündigt sich frühzeitig durch Anzeichen in der Natur an, die nur selten beachtet werden. Schon unsere Vorfahren, die unsere heutigen modernen Hilfsmittel nicht kannten, orientierten sich in der Wetterprognose an Naturerscheinungen.

Anzeichen für Wetterwechsel in der Natur

Flora Im Gegensatz zu Tieren sind Pflanzen an den Ort gebunden, an dem sie wachsen, und sind so dem Wetter ausgesetzt. Besonders Pflanzen, die oberhalb der Baumgrenze wachsen und denen ein Schutz durch einen dichten Bergwald fehlt, passen sich den umgebenden Bedingungen an. Rau und karg gestaltet sich ihre Umgebung und man fragt sich, wie ein Edelweiß oder ein Flechtmoos an mancher Stelle überhaupt existieren kann.

Hochlagen schaffen für Bergpflanzen extreme Lebensbedingungen, die sich in drei große Bereiche aufteilen lassen:

1. In den Hochlagen sind die Schneeabschnitte über das Jahr gesehen wesentlich länger als im Tal.
2. Die Lufttemperaturgegensätze zwischen Tag und Nacht sind am Berg erheblich größer.
3. Eine permanente Bodenerosion erschwert das Überleben der Pflanzen.

   Bodenerosion entsteht durch:
   – Schutthaldenbewegungen
   – Lawinenabgänge
   – Wasserrinnen
   – Steinschlag
   – Sonnen- und Windeinflüsse

Bergpflanzen zeigen uns eine kurzfristig bevorstehende Wetteränderung an, indem sie ihre Blüten und Blätter verändern. Ursache ist die Einwirkung von Luftfeuchtigkeit und Lufttemperatur, die Zellwände und Stiele der Bergpflanzen anschwellen oder erschlaffen lassen.

Blütenduft Jeder Bergsteiger kennt bei schönem Wetter den Blütenduft, der über den Bergwiesen liegt und einen entspannenden Einfluss auf den gestressten Menschen hat. Zieht ein Gewitter auf oder kündigt sich ein Wettersturz oder Wetterumschwung an, lassen Blüten einen stärkeren Duft ausströmen als sonst. Die erhöhte Duftausströmung setzt unmittelbar vor Gewitter oder der jeweiligen Wetteränderung aus.

Ein Cumulus türmt sich in kurzer Zeit auf.

Silberdistel und Enzian   Als bekannteste Pflanzen der Bergwelt zeigen Silberdistel und Enzian Wetterveränderungen an, indem sie sich vor einer Wetterverschlechterung schließen. Diese Reaktion ist unabhängig davon, ob ein kurzzeitiges Gewitter oder eine langfristige Verschlechterung bevorsteht.
Klee   Klee gilt als zuverlässiger Wetterkünder. Drohen Unwetter, lässt er seine Blütenköpfe hängen und faltet seine Blätter zusammen.

Fauna   Eine Vielzahl an Tieren spricht durch ein spezielles oder auch verändertes Verhalten auf Wetteränderung an. Dies zeigt sich bereits zu einem Zeitpunkt, in dem der Mensch selbst nicht in der Lage ist, die bevorstehende Wetteränderung aus eigener Intuition heraus zu erkennen. Im Gegensatz zum Menschen halten Tiere einen geregelten Stundenplan in ihrem täglichen Ablauf ein. Solange sie den gewohnten Ablauf nicht ändern, hat das momentane Wetter weiter Bestand. Ändern die Tiere den gewohnten Ablauf, ist eine je nach Tierart bestimmte Wetteränderung zu erwarten.
Bergdohlen   Bergdohlen sind sehr gute Wetterkünder, besonders für den Hochalpinisten, der längere Touren geht. Bergdohlen fliegen etwa zwei Tage vor einer Wetterverschlechterung in Scharen zu Tal, um Nahrungsgründe auszuspähen, die sie nach Eintreffen der Schlechtwetterfront aufsuchen werden.
Murmeltiere   Murmeltiere lieben es, wenn ihnen die Sonne auf das Fell scheint. Wer mag es ihnen verdenken, wenn man zwei Drittel des Jahres im »Bau« leben muss. Solange sie über die Bergwiesen tollen, bleibt es schön. Unter der Voraussetzung, dass sie nicht durch Greifvögel – Warnung durch Pfeifen – bedroht sind, verziehen sie sich vor einem Wetterumschwung in ihren Bau. Beginnen sie schon Anfang bis Mitte August mit der Anlage des Vorrats, wird der Winter in den Bergen bald seinen Einzug halten.
Gemsen, Bergschafe und Rehwild   Herrscht gegen Abend Gewitterschwüle oder steht Regen unmittelbar bevor, verlassen Gemsen und Rehwild die sicheren Bergwälder kaum. Bei schönem Wetter sind sie sonst zur Äsung auf Bergwiesen zu

sehen. Ursache ist, dass Insekten als »Übeltäter« das Haarwild bei Wetterumschwung attackieren. Zusätzlich spricht die Forschung dem Wild ein spezielles Haarempfinden vor Wettersturz zu. Dieses Empfinden wird dadurch erklärt, dass eine anstehende Wetterverschlechterung in den Hochregionen der Berge mit einer Erhöhung der relativen Luftfeuchtigkeit beginnt, die dieses Sicherheitsverhalten der Tiere verursacht. Bei starken Wetterstürzen, die auch im Sommer mit Schneefällen bis in Talnähe einhergehen können, verlassen Gemsen und Bergschafe die oberen Bergregionen, um im Tal Schutz zu finden. Diese Reaktion ist auch vor großen Wetterstürzen mit Starkgewittern zu beobachten.

Bienen   Bienen sind Wetterkünder. Ihr Verhalten lässt auf bestimmte Wetterlagen schließen:

1. Gewitter   Das Geheimnis liegt in der elektrostatischen Aufladung der Luftmassen vor einem Gewitterausbruch. Diese Aufladung macht sie aggressiv und dadurch angriffslustig. Kehren Bienen tagsüber plötzlich zum Bienenstock zurück, ist dies ein sicheres Zeichen für ein kommendes Unwetter.

2. Wetterumschwung mit lang andauerndem Regen   Vor einer länger andauernden Regenperiode ziehen sich die Bienen schon Tage vorher in ihren Bienenstock zurück.

3. *Schönwetter*   Schwärmen sie früh am Morgen und dann den ganzen Tag immer wieder aus, bleibt das Wetter anhaltend schön. Kommen sie am späten Nachmittag zeitig in den Bau zurück, wird das Wetter am folgenden Tag ebenfalls schön werden.

Wettergefahr! Ein Cumulus zeigt Auflösungserscheinungen gegen 13.00 Uhr, baut sich wieder auf, wird größer (siehe Hintergrund), bis sich gegen 17.30 Uhr ein Cumulonimbus mit Gewitter entwickelt (siehe Bild auf Seite 28).

4. Vor dem Winter   Eine der wenigen langfristigen Vorhersagen in der Wetterkunde wurde von Perpetua Besser (1894–1980) schon vor 1920 festgehalten. Sieht man einen natürlichen Bienenstock in der freien Natur, so lässt sich anhand der Öffnung des Flugloches erkennen, ob der Winter streng oder mild wird. Bienen verengen im Herbst das Flugloch des Bienenstockes mit extra für diesen Zweck herangebrachtem Kittharz, das aus Harz von Kastanien, Nadelbäumen, heutzutage aber auch aus Teer bestehen kann. Je enger der Schlitz des Flugloches ist, desto härter wird der Winter. Die Einengung dient in erster Linie dem Schutz vor Kälte.

Spinnen und Altweibersommer   Charakteristisch für den Altweibersommer sind weiß-silberne feine Flugfäden, die ohne innere Bewegung durch die Luft schweben und an Sträuchern und Bäumen hängen bleiben. Vom Tau benetzt, glitzern sie in der morgendlichen Bergsonne. Diese weiß-silbernen Flugfäden stammen von der Wolfsspinne, die sich nur in der Zeit des Altweibersommers mit Hilfe der Flugfäden vom Erdboden erheben und durch die Luft gleiten kann. Die sehr kleine Wolfsspinne erzeugt die Fäden aus ihrem Hinterleib und lässt sich dann an den dünnen Flugfäden durch die Luft tragen, wobei sie bis zu einige Kilometer zurücklegen kann. Zum Start ist Windstille notwendig, da vom warmen Erdboden ein ständiger Luftstrom nach oben führt und die Spinne somit in die Höhe mitnimmt. In der Höhe wird sie vom horizontalen Luftstrom erfasst und wegtransportiert, bis sie irgendwo in den Ästen von Bäumen hängen bleibt oder auf dem Erdboden in einer Wiese landet. Im Übrigen fängt die Wolfsspinne ihre Beute nicht mit einem Spinnennetz, sondern springt sie an. Spinnen können auch hilfreiche Wetterboten sein. Ein Instinkt verhindert, dass Spinnen beispielsweise vor Unwettern keine Netze spinnen. Steht schönes Wetter bevor, werden Netze gesponnen, da Insekten sich bei schönem Wetter in der Luft aufhalten und zur Beute werden können. Je anhaltender das schöne Wetter ist, desto längere Fäden und größere Netze werden gesponnen. Werden bestehende Netze vergrößert, deutet dies ebenfalls auf schönes Wetter hin. Die Kreuzspinne hält sich in der Mitte ihres Netzes so lange auf, bis das Wetter umschlägt. Sobald sich die Spinnen aus ihren Netzen zurückziehen und einen sicheren Unterschlupf aufsuchen, steht eine Schlechtwetterperiode kurz bevor.

Für eine Wetterprognose ist der Aufbau eines Spinnennetzes geeignet: 1. Ist das Spinnennetz locker gespannt, ist innerhalb weniger Stunden mit starkem Wind oder Sturm zu rechnen. 2. Ist das Spinnennetz dagegen straff gespannt, so stehen windstille und ruhige Tage bevor.

3. Werden Spinnennetze bei Regen oder trübem Wetter gesponnen, wird das Schlechtwetter bald zu Ende sein.

Schwalben   Ein Wettersturz steht kurz bevor, wenn Schwalben in Bodennähe hin und her fliegen. Fliegen Schwalben in der Höhe, so bleibt das Wetter schön. Grund dafür ist, dass die Nahrung der Schwalben, die Insekten, sich bei einer Schönwetterlage, also bei einem Hochdrucksystem, ebenfalls in der Höhe aufhalten. Tritt eine Gewitterlage ein, suchen sie bodennahe Luftschichten auf. Die Wissenschaft vertritt verschiedene Ansichten, warum die Insekten sich in hohen Luftschichten aufhalten und diese vor einem Gewitter verlassen. Für eine Wetterprognose sind die Theorien aber unwesentlich, da die Beobachtung immer dasselbe Ergebnis bringt. Ein Wetterumschwung steht bevor, die Insekten flüchten in Bodennähe. Die Schwalben sind gezwungen, ebenfalls untere Berglagen aufzusuchen, um zu ihrer Nahrung zu kommen.

Ameisen   Ähnlich wie Bienen leben Ameisen auf ihre Art in einem hoch entwickelten »Staatswesen«. Sie geben, in ihrem permanenten Bemühen, den Nachwuchs warm und trocken zu halten, für den Naturbeobachter zuverlässige Informationen vor einer Wetteränderung. Der obere Teil eines Ameisenhaufens dient, je nach Stand der Sonne, dazu, Eier, Larven und Puppen die notwendige Wärme zu geben. Aus diesem Grund werden sie von den Ameisen dorthin transportiert. Ist das Wetter schön, tragen die Ameisen ihre Brut an die Oberfläche des Ameisenhaufens. Dort nehmen sie das lebenswichtige Sonnenlicht auf. Ändert sich die Schönwetterlage, so setzt plötzlich, aber rechtzeitig eine rege Betriebsamkeit am Ameisenhaufen ein. Dieses Verhalten zeigt nicht nur ein umfangreiches Tiefdrucksystem, mit lang andauerndem Regen in der

Folge, an, sondern genauso »nur« ein Wärmegewitter. Eilig rennen die Ameisen umher, um den Nachwuchs vor dem Regen in den trockenen Innenbau zu bringen. Umgekehrt bringen Ameisen ihre Nachzucht bereits bei bedecktem Himmel ins Freie, wenn in Kürze sonniges Wetter zu erwarten ist. Im Frühherbst vergrößern Ameisen ihren Bau. Je größer und umfangreicher der Ameisenhaufen wird, desto strenger wird der kommende Winter werden. Der größere Haufen garantiert eine Art Wärmepolster für die im Erdreich überwinternden Ameisen. Werden Ameisenhaufen im Frühjahr stark ausgebaut, wird es nichts mit einem schönen Frühling.

Weitere Ereignisse in der Natur, die als Wetterkünder geeignet sind
Eine Wetterveränderung kündigt sich durch die Veränderung des chemischen Gehaltes und des physikalischen Zustandes der Luftmassen in der Atmosphäre an.

Felsen, große Steine und Holz Vor einem Wetterumschwung ist zunächst ein Ansteigen der relativen Luftfeuchtigkeit in der Höhe zu messen, dann verändert sich vor Gewittern die elektrische Ladung der Luft. In den Bergen werden aufgrund der steigenden relativen Luftfeuchtigkeit Felsen, große Steine, aber auch Holz urplötzlich dunkler oder bilden dunkler werdende Flecken aus.

Dampfen über Bergwald und Stroh-Hüttendächern Setzt über dem Bergwald eine Art Dampfen ein, ist dies ein Anzeichen für besonders hohe Luftfeuchtigkeit. Mit Gewitter und/oder Regen innerhalb der nächsten Stunden muss gerechnet werden. Gleiches ist zu beachten, wenn nach einem Wärmegewitter derselbe Effekt auf Stroh-Hüttendächern auftritt. Ein weiteres Gewitter wird niedergehen.

Hüttenkamine Altbekannt und richtig ist die Bauernregel, dass ein mit Holz oder Kohle beheizter Hüttenofen vor einem Wettersturz sehr schlecht zieht.

Beschlagener Fels Zeigt sich am Fels ein weißer dünner Beschlag, bedeutet dies, dass sich Wassertröpfchen plötzlich wärmer gewordener Luft am kalten Fels niedergeschlagen haben. Tauwetter oder milderes Wetter ist in Kürze zu erwarten.

Register – Alles von A bis Z

Claus Keidel, geboren 1953, Fotograf, Buchautor und Schriftsteller, begann schon in der Jugendzeit während seiner Bergtouren, die ihn in alle Höhen der Alpen führten, mit der systematischen Beobachtung und fotografischen Dokumentation des Bergwetters. Die frühe Spezialisierung auf Kurzzeitvorhersagen, besonders in Bezug auf das Bergwetter, brachte zahlreiche Veröffentlichungen hervor. Die gewonnenen Erkenntnisse, in Verbindung mit der fotografischen Darlegung, führten zu einem deutschen und einem internationalen Forschungspreis für Meteorologie.

Ein kostenloses Gesamtverzeichnis erhalten Sie beim
Bruckmann Verlag
D-81664 München
www.bruckmann.de
www.bergsteiger.de

Lektorat: Sabine Klingan
Layout: Verlagsservice Peter Schneider
Repro: ScannerService, Verona
Umschlaggestaltung: Heinz Kraxenberger
unter Verwendung eines Fotos von Claus Keidel

Alle Angaben dieses Werkes wurden vom Autor sorgfältig recherchiert und auf den aktuellen Stand gebracht sowie vom Verlag geprüft. Für die Richtigkeit der Angaben kann jedoch keine Haftung übernommen werden. Für Hinweise und Anregungen sind wir jederzeit dankbar. Bitte richten Sie diese an:
Bruckmann Verlag
Produktmanagement Berge
Innsbrucker Ring 15
D-81673 München
E-Mail: lektorat@bruckmann.de

Bildnachweis: Titelbild: Gewaltiger Cumulus congestus baut sich über dem Zugspitzmassiv zur Gewitterwolke auf.
Seite 1: Cumulus congestus über der Serles, Stubaier Alpen
Alle Bilder stammen vom Autor mit Ausnahme der Abbildungen auf S. 42 (Sylvia Keidel) und auf S. 91 (Sigrid Keidel).
Die Grafiken erstellte Ruth Kammermeier nach Vorlagen des Autors.

Die Deutsche Bibliothek – CIP-Einheitsaufnahme
Ein Titeldatensatz für diese Publikation ist
bei der Deutschen Bibliothek erhältlich.

© 2003 Bruckmann Verlag GmbH, München
Alle Rechte vorbehalten
Printed in Italy by Printer, Trento
ISBN 3-7654-3812-X